5분 서양고전

5분 서양 고전

김욱동 지음

초판 1쇄 발행 | 2011년 7월 7일
초판 5쇄 발행 | 2012년 2월 27일

발행처 | 도서출판 작은씨앗
공급처 | 도서출판 보보스
발행인 | 김경용

등록번호 | 제 300-2004-187호   등록일자 | 2003년 6월 24일

서울시 서초구 서초동 1355-17 서초대우디오빌 1008호
전화 02 333 3773   팩스 02 735 3779
이메일 | ky5275@hanmail.net

ISBN 978-89-6423-129-6 13800

잘못된 책은 구입하신 서점에서 바꾸어 드립니다.

5분 서양고전

고전속에서 삶의 길을 찾다

김욱동 지음

책머리에

입만 열면 '지구촌'이니 '세계화'니 하고 외쳐대지만 막상 이 개념에 대해서 물어보면 선뜻 대답하지 못하는 사람이 적지 않습니다. 이론적 거품을 걷어내고 내용만 간추려 말한다면, 그 동안 나라와 나라 사이에 놓여 있던 높다란 장벽이 무너져 버린 현상을 두루 일컫는 말에 지나지 않습니다. 이 점에서 1989년 11월 베를린 장벽 붕괴는 지구촌이나 세계화를 뜻하는 상징적 사건이었습니다. 동서 냉전에 종지부를 찍은 이 사건은 비단 정치적 붕괴만을 뜻하지 않습니다. 이러한 정치적 붕괴는 경제적 측면에나 문화적 측면에서도 적잖이 영향을 끼쳤습니다. 이렇게 여러 영역에 걸쳐 장벽이 무너지면서 국가와 국가 사이의 교류가 훨씬 더 자유로워지고 활발해졌습니다.

이러한 현상이 일어난 것은 두말할 나위 없이 컴퓨터의 발명과 인터넷의 보급 때문입니다. 만약 컴퓨터가 발명되지 않았더라면 아직도 나라와 나라 사이에 만리장성 같은 장벽을 두고 살아가고 있을 것입니다. 튀니지에서 시작하여 요즘 중동 지방에서 산불처럼 거세게 일어나고 있는 '재스민 혁명'도 따지고 보면 컴퓨터와 그 후예라고 할 소셜 미디어 때문에 가능했습니다. 이렇게 컴퓨터와 소셜 미디어는 국가와 국가 사이뿐만 아니라 이제는 개인과 개인 사이에 놓여 있는 장벽마저 허물어 버리고 있습니다.

그런데 지구촌의 주민으로 손색이 없고 세계화의 무대에서 주역이 되려면 우리 것 못지않게 남의 것도 제대로 알아야 합니다. 일찍이 손자(孫子)는 『병법(兵法)』에서 "상대를 알고 나를 알면 백 번 싸워도 위태롭지 않다(知彼知己百戰不殆)"고 하지 않았습니까? 상대를 제대로 알지 못하고 우물 안에 갇혀 있는 개구리가 되어서는 지구촌의 주민이 될 수도 없고 세계화의 정신을 마음껏 호흡할 수도 없습니다. 우물 안에서 펄쩍 뛰어나올 때 세상을 바라보는 안목은 그만큼 넓어집니다. 둥그런 하늘 말고도 드넓은 세상이 펼쳐 있다는 사실을 깨닫게 됩니다.

타계한 지 벌써 낯 넌이 지났습니다만 "우리 것은 소중한 것이여!"하고 외치며 우리 전통 문화의 보존에 앞장섰던 박동진(朴東鎭) 명창의 목소리가 지금도 귓가에 쟁쟁합니다. 비록 우황청심환 약 광고 카피이기는 하지만 그 메시지는 여간 소중하지가 않았습니다. 정말로 그렇습니다. 우리 것은 아주 소중합니다. 그렇게 소중하기 때문에 우리 문화유산을 잘 보존하고 계승해야 합니다. 그런데 '우리' 것을 소중하게 보존하고 창조적으로 계승하려면 '남'의 것도 잘 알고 있어야 합니다. '우리' 것만 알고 있어서는 반쪽밖에는 알지 못하는 것이 됩니다. '남'의 것도 알 때 비로소 '우리' 것을 제대로 알 수 있습니다.

고전이나 고전에서 유래한 관용구나 표현으로 좁혀 말하더라도 '우리' 것은 잘 알고 있으면서도 막상 '남'의 것은 잘 모르는 사람이 적지 않습니다. 예를 들어 '쾌도난마(快刀亂麻)'라는 그 어려운 관용어나 고사성어는 잘 알고 있으면서도 "고르디우스의 매듭(Gordian Knot)"이라는 서양의 관용어 앞에서는 쩔쩔맵니다. 이 책에서는 서양 고전에 뿌리를 두고 있는 관용어나 성구(成句) 또는 고사성어 등을 쉽게 간추렸습니다. 이 책에서 다룬 표현들은 서양사람들이 일상생활에서도 자주 사용하는 것들입니다.

여러 번 망설인 끝에 이 책을 쓰려고 마음먹은 것은 지구촌이 주민이 되고 세계화의 대열에 동참하는 독자들에게 조금이라도 도움을 줄 수 있지 않을까 하는 생각에서였습니다. 몇 해 전 서양 고전과 동양 고전 그리고 한국 고전에 관한 책 세 권을 출간한 적이 있습니다. 지금 펴내는 이 책은 바로 그 연장선에 있다고 할 수 있습니다. 앞의 세 책에서는 주로 고전의 해제에 무게를 실었다면, 지금 펴내는 이 책에서는 고전에서 뽑은 경구나 고사성어에 무게를 실었습니다.

이 책의 내용을 '고대', '중세와 르네상스' 그리고 '근대와 현대' 세 부분으로 나누었습니다. 그러나 역사의 시대적 구분이라는 것이 칼로 두부를 자르듯이 그렇게 분명하게 나뉘지 않고 서로 겹치는 부분도 적지 않습니다. 오직 편의에 따른 구분일 뿐이라는 점을 말씀드리고 싶습니다. 또 영상 매체에 길든 독자들을 위해 될 수 있는 대로 삽화나 사진 자료를 많이 실어 '읽는' 책의 한계를 극복하고 '보는' 책으로 만들려고 했습니다. 지구촌과 세계화 시대에는 영상 매체가 활자 매체 못지않게, 아니 어떤 의미에서 활자 매체보다도 더 큰 위력을 과시하고 있습니다. 이러한 현실을 외면하면 시대의 흐름에 뒤질 수밖에 없습니다.

끝으로 이 책이 출간되기까지 곁에서 여러모로 충고를 해 준 나송주 교수에게 고마운 마음을 표합니다. 또 이 책이 햇빛을 보기까지 애써 주신 김경용 사장님과 마케팅부장 재열 선생에게도 이 자리를 빌려 감사를 드립니다.

이문동 국제학사에서
김욱동

차례

고대 편

1. 악어의 눈물 — 14
2. 다모클레스의 칼 — 21
3. 포도는 맛이 시어서 — 27
4. 주사위는 이미 던져졌다 — 33
5. 브루투스, 너마저! — 39
6. 찾아냈다, 찾아냈어! — 45
7. 고르디우스의 매듭 — 51
8. 만물은 유전(流轉)한다 — 57
9. 건전한 신체에 건전한 정신 — 63
10. 인생은 짧고 예술은 길다 — 69
11. 금단의 열매 — 75
12. 눈에는 눈, 이에는 이 — 81
13. 사랑은 모든 것을 정복한다 — 87
14. 모든 길은 로마로 통한다 — 93
15. 프로크루스테스의 침대 — 99
16. 패각추방 — 105

중세와 르네상스 편

17. 열려라 참깨! ······ 114
18. 장갑을 던지다 ······ 120
19. 마녀 사냥 ······ 126
20. 그래도 지구는 도는걸! ······ 132
21. 약한 자여, 그대의 이름은 여자로다! ······ 138
22. 반짝인다고 하여 모두 금은 아니다 ······ 144
23. 원탁의 기사 ······ 149
24. 죽음을 기억하라 ······ 155
25. 산이 오지 않는다면 내가 갈 수밖에 ······ 161
26. 만약 클레오파트라의 코가 조그만 낮았더라면 ······ 166
27. 모나리자의 미소 ······ 172
28. 카노사의 굴욕 ······ 178
29. 과인은 영국과 결혼했노라 ······ 184
30. 콜롬보의 달걀 ······ 190
31. 나 이 자리에 서 있나이다 ······ 196
32. 유토피아 ······ 202
33. 파뉘르주의 양떼 ······ 208

근대와 현대 편

34. 나는 생각한다, 그러므로 존재한다 ……………… 216
35. 악화는 양화를 구축한다 ……………… 222
36. 나에게 자유가 아니면 죽음을 달라! ……………… 228
37. 최대다수의 최대의 행복 ……………… 234
38. 겨울이 오면 봄은 멀지 않으리 ……………… 240
39. 천재란 1퍼센트의 영감과 99퍼센트의 땀 ……………… 246
40. 민중의 소리는 곧 신의 소리 ……………… 252
41. 여자를 찾아내라! ……………… 260
42. 시간은 돈이다 ……………… 267
43. 바람과 함께 사라지다 ……………… 273

고대 편

악어의 눈물
다모클레스의 칼
포도는 맛이 시어서
주사위는 이미 던져졌다
브루투스, 너마저!
찾아냈다, 찾아냈어!
고르디우스의 매듭
만물은 유전(流轉)한다
건전한 신체에 건전한 정신
인생은 짧고 예술은 길다
금단의 열매
눈에는 눈, 이에는 이
사랑은 모든 것을 정복한다
모든 길은 로마로 통한다
프로크루스테스의 침대
패각추방

01
악어의 눈물
Crocodile Tears

악어는 먹이를 잡아먹으면서도 그 먹이의 죽음을 애도하여 눈물을 줄줄 흘린다고 합니다. 또한 먹이를 유인하기 위하여 일부러 눈물을 흘린다고 주장하는 학자들도 있습니다. 그런데 실제로 악어가 눈물을 흘리는 것은 잡아먹히는 동물이 불쌍하고 슬퍼서가 아니라, 자신이 무척이나 인자한 척하기 위해서입니다. 진짜 눈물이 아니라 거짓 눈물을 흘리는 것입니다. 그래서 "악어의 눈물"이라고 하면 흔히 마음에도 없이 흘리는 눈물처럼 위선적인 눈물을 가리킵니다.

눈물은 눈을 보호하고 청결을 유지하기 위해 눈물샘에서 분비하는 액체이지만, 그것 못지않게 인간의 감성을 자극하여 동정심을 유발하는 효과도 아주 뛰어납니다. 여성한테는 눈물보다 더 좋은 무기는 없다고 말하기도 하지요. 물론 요즈음에 이렇게 말하면 아직도 가부장 질서에 길든 남성중심주의자요 도도한 시대의 흐름에 역행하는 반(反)페미니스트라는 낙인이 찍히기 십상입니다. 어찌 되었든 "악어의 눈물"은 참회의 눈물이 아니라 거짓 눈물이요 위선의 눈물에 지나지 않습니다.

실제로 악어가 큰 고깃덩이를 삼킬 때는 꼭 울면서 눈물을 흘리는 것처럼 보입니다. 물론 슬픔이나 참회 때문이 아니라 욕심 사납게 먹이를 탐내어 자기 입보다 훨씬 큰 덩이를 삼키기 때문입니다. 그리고 나서 악어는 숨을 급하게 들이쉬는 습성이 있습니다. 이때 눈물샘이 눌리게 되어 먹이를 먹으면서 마치 눈물을 흘리며 우는 것처럼 보이는 것이지요. 이렇듯 악어의 눈물은 한낱 생물학적 반사작용에 지나지 않습니다.

악어가 먹이를 삼킬 때 실제로 눈물을 흘린다고 주장하는 과학자들이 있기는 합니다. 몇 해 전 미국 과학자들이 악어 몇 마리에게 먹이를 주고 악어의 행동을 면밀히 관찰했습니다. 그랬더니 게걸스럽게 먹이를 물어뜯을 때 식식거리고 헐떡대면서 눈에서 분비물을 내뿜는 것이었습니다. 그러나 엄밀히 말하여 이것은 눈에서 나오는 분비물일 뿐 잡아먹히는 동물이 불쌍해서 흘리는 동정의 눈물은 아닙

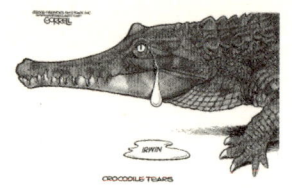

니다.

그러나 "악어의 눈물"을 참회의 눈물로 본 것은 고대 로마시대의 역사가 가이우스 플리니우스(Gaius Plinius)였습니다. 그는 그의 저서 『박물지』에 악어가 먹이를 잡아먹으면서 정말로 눈물을 흘린다고 기록했습니다. 이때부터 "악어의 눈물"이라는 고사성어나 관용어가 처음 사용되었습니다. 특히 "악어의 눈물"에 관한 이야기는 14세기 초엽 영국의 여행가 존 맨드빌 경(Sir John Mandeville)이 이집트를 여행하고 난 뒤 쓴 여행기에서 소개하면서 일반 사람들에게 널리 알려지게 되었습니다.

그 뒤 영국의 대문호 윌리엄 셰익스피어(William Shakespeare)가 여러 작품에서 이 구절을 사용하면서 유명한 문구가 되어 뭇 사람의 입에 오르내리기 시작했습니다. '셰익스피어의 4대 비극' 중 한 작품으로 꼽히는 『오셀로』(1603) 4막 1장에서 셰익스피어는 오셀로의 입을 빌려 이렇게 말합니다.

아, 악마, 악마 같은 계집!
이 대지가 계집의 눈물로 잉태한다면,
저년이 흘리는 방울마다 악어가 될 거다.
내 눈 앞에서 사라져 버려!

O devil, devil!
If that the earth could teem with woman's tears,
Each drop she falls would prove a crocodile.
Out of my sight!

 평소 의처증이 있는 오셀로는 자신의 아내 데스데모나가 다른 남자와 정(情)을 통하고 있다고 의심하고 있습니다. 데스데모나는 지금 눈물을 흘리면서 남편에게 자신의 결백을 주장하고 있습니다. 그러나 오셀로는 여전히 그녀가 흘리는 눈물이 "악어의 눈물"처럼 거짓 눈물이라고 생각하며 믿지 않습니다. 만약 데스데모나가 흘리는 눈물이 땅에 떨어져 씨앗이 되어 생물이 태어난다면 틀림없이 악어가 태어날 것이라고 하면서 말입니다. 그만큼 오셀로는 아내가 눈물을 흘리는 행동을 위선적인 제스처로 간주하고 있을 뿐입니다.
 1920년대 미국에서 시카고 조직 폭력계를 주름잡던 '암

흑가 황제' 알 카포네(Al Capone)를 아마 기억하는 사람이 많을 것입니다. 그는 어느 누구보다도 잔인한 것으로 아주 유명 아니 악명이 높았습니다. 이 무렵 미국에서는 금주법(禁酒法)이 시행 중이어서 밀주 판매야말로 조직 폭력배들에게는 떼돈을 벌 수 있는 더할 나위 없이 좋은 기회였습니다. 그래서 이 밀주를 둘러싸고 알 카포네는 그의 적수였던 폭력배 찰스 딘 오배니언(Charles Dean O'Banion)과 경쟁을 벌이고 있었지요. 마침내 알 카포네는 친구이며 적수인 그를 잔인하게 살해했습니다. 그리고 그의 장례식에 큼직한 꽃다발을 보내면서 동료의 죽음을 슬퍼했습니다.

굳이 물 건너 이야기에서 예를 찾을 필요도 없이 국내에서 발행하는 신문이나 잡지만 보아도 쉽게 알 수 있습니다. 신문이나 잡지에는 가끔 노동 운동을 벌이다 사망한 노동자의 장례식에 참석하는 정치인의 사진을 보게 됩니다. 한 장관이 손수건을 꺼내 눈가를 닦는 모습이 눈에 띕니다. 언뜻 보면 장관이 눈물을 닦는 것처럼 보이지만 실제로는 땀을 닦고 있는 경우가 더러 있습니다. 설령 땀이 아니라 눈물을 닦고 있다고 하여도 그 눈물이 진정한 마음에서 우러 나오는 것이 아니라면 악어가 흘리는 눈물과 무엇이 다를까요?

"악어의 눈물"이라는 고사성어와 함께 이집트에서는 예

로부터 "악어의 논법(Crocodile's Argument)"이라는 말도 전해 오고 있습니다. 옛날 한 어머니가 어린아이를 데리고 나일 강가를 거닐다가 악어한테 그만 아이를 빼앗기고 말았습니다. 어머니는 악어에게 제발 어린아이를 돌려달라고 호소하자 악어는 이렇게 대꾸합니다. "내가 아이를 돌려줄지, 돌려주지 않을지 알아맞히면 돌려주지."

참으로 고약한 억지가 아닐 수 없습니다. 만약 악어가 아이를 돌려줄 것이라고 대답하면 "틀렸어"하고 아이를 잡아먹을 것이기 때문입니다. 이와는 반대로 아이를 돌려주지 않을 것이라고 대답하면 악어는 "무슨 소리야. 아이를 돌려줄 생각이었는데 답이 틀렸으니 잡아먹을 수밖에 없지 뭐야"하고 말하면서 아이를 집어먹을 것입니다.

이렇게 "악어의 논법"이란 자기 위주의 억지나 궤변 또는 진퇴양난(進退兩難)의 상황을 일컫는 말입니다. 이 논법에 따르면 이렇게 말해도 저렇게 말해도 결과는 매 한가지입니다. 자신의 잘못된 행동을 정당화하면서 사용하는 논법을 흔히 "악어의 논법"이라고 합니다.

우리 주위에는 악어와 같은 사람이 생각보다 많습니다. 어쩌면 우리 자신도 그러한 사람 중의 하나일지 모릅니다. 그렇다면 "악어의 눈물"이 아니라 "인간의 눈물"이라고 하고, "악어의 논법"이 아니라 "인간의 논법"이라고 하여야 맞지 않을까요? 비록 생김새가 흉측하다고 하여 악어한테만 모든 혐의를 씌우는 것은 악어 쪽에서 보면 여간 억울한 일이 아닐 것입니다.

Crocodile Tears are a false or insincere display of emotion, such as a hypocrite crying fake tears of grief.

02
다모클레스의 칼
Sword of Damokles

다모클레스(Damokles)는 기원전 4세기 전반 시칠리아 섬의 도시국가 시라쿠사의 왕 디오니시오스(Dionysius)의 신하로 측근 중의 측근이었습니다. 그는 디오니시오스가 호강을 누리며 권력을 행사하는 것을 늘 부러워했습니다. 이를 눈치 챈 디오니시오스는 어느 날 다모클레스에게 "그대가 왕의 자리를 그토록 부러워하니 하루만 그 자리에 앉아보도록 하라"고 명령했습니다.

디오니시오스 왕의 그러한 대접에 감격한 다모클레스는 왕이 시키는 대로 왕좌에 앉았습니다. 왕좌 앞에는 상다리가 부러질 만큼 산해진미(山海珍味)가 가득 차려져 있고 주위에서는 젊고 아름다운 궁녀들이 시중을 들고 있었습니다. 그런데 다모클레스가 문득 고개를 들어 위쪽을 쳐다보니 날카로운 칼 한 자루가 말총 한 가닥에 대롱대롱 매달려 있는 것이 아닙니까? 그 순간 다모클레스는 왕의 자리에 앉아 있다는 감격은 온데간데없이 사라져 버리고 언제 떨어질지 모르는 칼 때문에 얼굴이 새파랗게 질린 채 숨도 제대로 쉬지 못하고 있었습니다.

디오니시오스 왕이 다모클레스를 초대하여 앉힌 것은 왕좌가 아니라 어느 호화로운 연회석이라고 말하는 사람도 있습니다. 왕좌이건 연회석이건 그것은 그다지 중요하지 않습니다. 여기에서 중요한 것은 권력의 자리라는 것이 겉으로는 비록 화려하게 보일지 모르지만 마치 언제 떨어져 내릴지 모르는 칼 밑에 앉아 있는 것처럼 늘 위기와 불안 속에 있는 것과 같다는 사실입니다. 디오니시우스 왕이 다모클레스에게 가르쳐 주고 싶은 교훈도 바로 그것이었습니다.

이 일화는 로마의 유명한 연설가 마르쿠스 툴리우스 키케로(Marcus Tullius Cicero)가 「인간의 행복한 삶이란 과연 무엇인가」에 관한 글에서 처음 인용하면서 인구(人口)에 회자(膾炙)되었습니다. 그는 이 글에서 덕성이란 행복한 삶을 사는 데 충분하다고 결론짓습니다. 그러면서 키케로는 "어떤 공포가 늘 서서히 다가오는 사람에게 행복이란 있을 수 없다는 사실을 디오니시우스는 아주 분명하게 말해주고 있는 것 같지 않습니까?" 하고 묻습니다.

이제 "다모클레스의 칼"이란 권력을 쥔 사람들이 흔히 맞부딪치게 되는 위험이나 재앙을 뜻합니다. 권력의 자리가 그만큼 위험하다는 것을 뜻하는 이야기지만 굳이 권력의 자리가 아니더라도 재앙의 위험한 칼이 드리워져 있는 곳은 우리 주위에 아주 많습니다. 독일의 사회학자 울리히 벡(Ulrich Beck)은 현재 우리가 살고 있는 사회를 아예 '위험사회'라고 못 박아 말하고 있지 않습니까? 벡은 과학과 기술의 발전 덕분에 현대인들이 물질적 풍요를 누리고 있지만 동시에 온갖 위험을 안고 살아가고 있다고 지적합니다. 그래서 "다모클레스의 칼"이라는 표현은 권력과는 아무런 관계없이 위기일발의 다급한 상황을 가리킬 때도 사용합니다.

1961년 9월 25일 유엔총회에서 행한 연설에서 당시 미국의 대통령 존 F. 케네디(John F. Kennedy)는 언제 닥쳐올지 모르는 핵전쟁의 위협을 지구촌 모든 주민의 머리 위에 매달려 있는 "다모클레스의 칼"이라고 말했습니다.

오늘날 이 행성에 살고 있는 모든 주민은 이 행성이 더 이상 살 수 없는 곳이 될 날이 올지 모른다고 생각해야 합니다. 남녀노소 할 것 없이 우리는 지금 가냘프디 가냘픈 실에 매달려 있는 핵이라는 다모클레스의 칼 아래에서 살고 있습니다. 우연한 실수나 계산 착오로, 또는 광기로 그 실이 언제라도 끊어질지 모릅니다

Today, every inhabitant of this planet must contemplate the day when this planet may no longer be habitable. Every man, woman and child lives under a nuclear sword of Damocles, hanging by the slenderest of threads, capable of being cut at any moment by accident, or miscalculation, or by madness

케네디 대통령의 말대로 핵무기는 인류를 언제 공멸의 구렁텅이에 몰아넣을지 모르는 그야말로 가공할 만한 무기입니다. 지금 지구촌 곳곳에는 핵무기가 설치되어 있습니다. 특히 이러한 핵무기가 혹시 테러 집단의 손에 넘어가지나 않을까 전전긍긍하고 있습니다. 핵무기는 인류의 머

리 위에 대롱대롱 매달려 있는 "다모클레스의 칼"과 조금도 다르지 않습니다.

이왕 핵무기 이야기가 나왔으니 말입니다만, 최근 일본 열도를 휩쓴 지진과 그에 따른 쓰나미(津浪)를 지켜보면서 "다모클레스의 칼"이 문득 머리에 스쳐갔습니다. 일본은 그 동안 잦은 지진으로 내진(耐震) 설계 분야에서 세계 최고의 기술력을 자랑합니다. 그런데도 원자력 발전소가 강진(强震)과 쓰나미에 견디지 못하고 부분적이나마 폭발 사고가 일어났습니다.

'사돈 남 말 한다'고 지금 남의 나라 이야기할 때가 아닙니다. 우리나라에는 지금 모두 21기의 상업 원자력 발전소가 가동되고 있습니다. 전체 발전 설비 용량의 25퍼센트 가량을 차지하고 있습니다. 한 정부 관계자는 "우리나라에서는 보기 드문 규모 6.5의 지진이 해당 원전의 바로 밑에서 발생해도 냉각수 등의 유출이 전혀 없도록 설계하였다"고 발표했습니다. 그러나 6.5 규모 이하의 지진만이 일어난다고 누가 보장할 수 있겠습니까? 일본에서는 7.5에서 8.0 규모의 지진에 끄떡없도록 설계하였다가 9.0 규모의 지진이 발생하자 속수무책이었습니다.

따지고 보면 핵무기나 지진 같은 천재지변만이 인류의 머리 위에 걸려 있는 "다모클레스의 칼"이 아닙니다. 전쟁, 질병, 공해 등 인류의 생존을 위협하고 있는 것들은 숱하게 많습니다. 전에는 별로 보지 못하던 조류독감 바이러스를 비롯하여 신흥 바이러스들이 지구촌을 강타할지도 모릅니다. 대부분의 항생제가 듣지 않는 다제내성균(多劑耐性菌), 즉 슈퍼박테리아에 감염된 환자가 심심치 않게 보도되고 있습니다. 또 눈에 보이지는 않아서 별로 위험하지 않은 것 같지만 도덕적 해이, 윤리적 무정부 상태, 정신적 허무주의 등도 우리 머리 위에 매달려 있는 "다모클레스의 칼"입니다.

The Sword of Damocles describes any situation with a sense of impending doom, especially when the peril is visible and close at hand.

03
포도는 맛이 시어서

Sour Grapes

어느 날 굶주린 여우 한 마리가 길을 가다가 포도밭에 몰래 들어갔습니다. 그 포도밭에는 먹음직스럽게 잘 익은 포도송이가 아주 탐스럽게 시렁 위에 높이 매달려 있었습니다. 여우는 이 탐스러운 포도송이를 따려고 몇 번이나 높이 뛰어올랐지만 그때마다 번번이 허탕만 치고 말았습니다. 키가 작아 포도송이까지 닿을 수 없기 때문이었습니다. 포도를 먹고 싶은 생각은 굴뚝 같았지만 여우는 마침내 단념할 수밖에 없었습니다. 여우는 뒤로 물러나 이렇게 혼잣말로 중얼거렸습니다.

아, 너는 아직 익지 않았어! 난 맛이 신 포도는 필요 없다고.

Oh, you aren't even ripe yet! I don't need any sour grapes.

이 이야기는 『이솝우화』에 나오는 일화로 문화권에 따라 그 내용이 조금씩 달라지기도 합니다. 예를 들어 페르시아 지방에서는 여우 대신에 고양이를, 포도 대신에 고기를 사용합니다. 그러니까 "고기를 얻을 수 없는 고양이는 그 고기에서 냄새가 난다"고 말하면서 포기하는 것입니다. 날씨가 추워 아예 포도가 자라지 않는 스칸디나비아 몇몇 국가에서는 포도 대신에 마가목나무 열매로 바꾸어 사용하기도 합니다.

사람들은 자신들이 손에 넣지 못하는 물건이나 도저히 성취할 수 없는 욕망에 대해서는 깎아내리거나 낮추어서 말하는 경향이 있습니다. 그러면서 무능한 자신을 합리화하면서 자위를 삼기도 하고, 그러한 물건을 손에 넣거나 욕망을 성취한 사람들을 은근히 비방하기도 합니다. 이럴 때 흔히 쓰는 표현이 바로 "신포도"입니다.

가령 백화점이나 면세점에서 한 젊은 여성이 낡은 가방을 들고 있는 친구에게 "얘, 그렇게 궁상떨지 말고 명품 가방 하나 사려무나"하고 말합니다. 그러나 그 친구는 남편이 박봉인데다 식구가 많아서 경제적으로 그럴 만한 여유가 없습니다. 그래서 그녀는 친구에게 "천박하게 명품은 무슨…"하고 퉁명스럽게 대꾸합니다.

이러한 현상을 두고 심리학에서는 "신포도 기제(sour grape mechanism)"라는 용어를 사용합니다. 사람들은 불쾌한 일을 당할 때 무의식적으로 잊어버리려고 하고, 또 좋지 않은 일을 할 때 자기도 모르게 변명하거나 합리화하려고 합니다. 이렇게 자신을 자동적으로 변명하거나 합리화하려는 방법이 바로 신포도 기제입니다. 주로 자아를 보호하는 데 사용하기 때문에 흔히 "자아방어 기제"라고도 부르지요.

정신분석학 이론을 정립한 지그문트 프로이트(Sigmund Freud)는 인간의 성격이 크게 세 가지로 구성되어 있다고 보

았습니다. 본능에 따라 움직이려는 '이드(id)', 현실 원칙에 따라 움직이려는 '자아(ego)', 그리고 도덕적으로 판단하는 '초자아(super ego)'가 바로 그것입니다. 그 중에서도 방어 기제는 자아를 보호하기 위한 가장 중요한 방어 수단입니다. 자존심이 상한다는 것은 곧 자아가 손상 받는다는 것을 뜻합니다. 그래서 사람들은 무의식적으로 방어 기제를 사용하여 자존심, 즉 자아를 지켜내려고 합니다.

이 "신포도" 현상은 미국의 사회심리학자 레온 페스팅거(Leon Festinger)가 말하는 '인지 부조화(認知不調和, cognitive dissonance)' 이론과 아주 비슷합니다. 사람들은 자신의 태도와 행동이 일관되지 않거나 모순이 있을 때 이러한 모순을 불쾌하게 생각합니다. 이러한 모순을 줄이려고 사람들은 태도나 행동을 바꾸려고 합니다. 그런데 태도는 다른 사람들이 잘 모르지만 행동은 다른 사람들이 이미 잘 알고 있기 때문에 행동에 맞게 태도를 바꾸게 된다는 것입니다.

페스팅거는 한 사이비 종교집단을 관찰하면서 처음 이 이론을 정립했습니다. 사이비 종교집단의 신도들은 지구가 곧 멸망할 것이라는 교주의 예언을 믿고 집도 팔고 직장도 그만두고 모아 둔 돈도 다 써버린 채 지구 멸망의 날만 손꼽아 기다리고 있었습니다. 멸망의 날이 오면 우주선이 날아와 자신들을 구해 준다고 굳게 믿고 있었습니다. 그런데 막상 예언의 날이 왔지만 지구는 멸망하지 않았고 여전히 건재했습니다.

어리둥절해 있는 신도들에게 사교집단의 교주는 외계인이 신도들의 신앙을 한 번 테스트해 본 것이라고 둘러댔습니다. 일단 기본 테스트를 통과했으니 진짜 구원의 날은 며칠 뒤에 올 것이라고 말을 바꿨습니다. 그러나 며칠이 지나 예정된 멸망의 날이 왔지만 역시 아무 일도 일어나지 않았습니다. 교주는 이번에는 그들의 믿음이 지구 전체를 구원했노라고 둘러댔습니다.

이쯤 되면 속았다고 생각할 법도 한데 신도들의 행동은 달랐습니다. 사교에 대한 믿음이 더욱 강해져 포교 활동에 더욱 매진하더라는 것입니다. 왜 그럴까요? 이미 모든 것을 바친 뒤였기 때문에 자신들의 인식에 부조화나 모순이 일어나도 행동을 바꿀 수 없었던 것입니다. 자신의 실수를 인정하기에는 고통이 너무 컸던 것입니다.

이러한 '인지 부조화 현상'은 우리 생활 속에서도 쉽게 찾아볼 수 있습니다. 새로 휴대전화를 산 사람들은 남들이 사용하는 휴대전화에만 관심을 보입니다. 자신이 휴대전화를 제대로 구입했는지, 다른 휴대전화와 비교하면서 끊임없이 정보를 살피게 됩니다. 그리고 되도록 긍정적인 정보에만 마음이 쏠리게 됩니다. 어떻게 해서라도 휴대전화

선택을 잘못 했다는 생각을 피하고 싶은 것이 인간의 심리적 본능입니다.

Sour Grapes refer to envious behaviour, especially pretending to not care for something one does not or cannot have.

04
주사위는 이미 던져졌다

Iacta alea est (The die is cast)

율리우스 카이사르(Gaius Iulius Caesar)는 뛰어난 전략가로 지중해를 중심으로 여러 나라를 정복하여 로마제국의 기틀을 굳건히 다진 군인이요 정치가입니다. 태어날 때 제왕절개 수술로 태어났다고 하여 요즈음 산부인학에서는 제왕절개 수술을 그의 이름을 따서 '카이사르 수술(Caesarean section)'이라고 합니다. 기원전 60년 카이사르는 그나이우스 폼페이우스(Gnaeus Pompeius)와 마르쿠스 크라수스(Marcus Crassus)와 함께 제1회 삼두정치(三頭政治)를 시작했습니다. 그들은 원로원(元老院)이라는 권력 집단에 맞서기 위해 서로 뭉친 것입니다. 그런데 폼페이우스는 카이사르를 늘 마음속으로 시기하고 있었습니다. 카이사르가 갈리아(지금의 프랑스 지역) 지방을 평정하여 이름을 크게 떨치고 있었기 때문이었습니다.

  그러던 중 크라수스가 전쟁터에서 사망하여 삼두정치가 무너질 위기가 오자 카이사르를 제거할 좋은 기회라고 생각하고 폼페이우스는 속으로 기뻐했습니다. 그래서 원로원과 손을 잡고 카이사르를 없앨 계획을 세웠습니다. 원로원도 카이사르의 힘이 너무 커지는 것을 경계하고 있던 터라 서로 뜻이 맞았습니다. 폼페이우스의 주장대로 원로원에서는 카이사르에게 즉시 "모든 군대를 해산하고 로마로 돌아오라"는 명령을 내렸습니다.

  갈리아 지방에서 정복 전쟁에 열을 올리고 있던 카이사르는 이 소식을 전해 듣고 깜짝 놀랐습니다. 자신을 두려워하는 폼페이우스의 농간인 것을 잘 알고 있는 카이사르는 명령을 어길 수도 없고, 그렇다고 그냥 따를 수도 없었습니다. 며칠 고민하던 카이사르는 마침내 군대를 이끌고 루비콘 강까지 왔습니다. 루비콘 강은 로마와 갈리아 사이의 경계를 흐르는 작은 강이었습니다. 만약 카이사르가 군대를 이끌고 이 강을 건넌다면 그것은 반역죄에 해당되었습니다. 군대를 해산하라는 원로원의 명령을 지키지 않았을 뿐만 아니라 무기를 지니고 있기 때문에 만약 그대로 루비콘 강을 건너게 되면 로마공화국에 반역하는 것이 됩니다.

그래서 카이사르는 루비콘 강에서 한참 동안 망설였습니다. 부하 병사들은 장군의 명령을 기다리다 못해 "장군님, 어떻게 할까요? 어서 명령을 내리십시오. 저희는 장군님과 운명을 같이할 것입니다"하고 재촉했습니다. 그러자 카이사르는 마침내 지휘봉을 들어 올리며 이렇게 외쳤습니다.

자 나아가자, 신들의 징표가 가리키는 곳으로, 우리 적들의 음모가 도사리는 곳으로. 주사위는 이미 던져졌다. 루비콘 강을 건너라!

Take we the course which the signs of the gods and the false dealing of our foes point out. The die has been cast. Cross the Rubicon!

기원전 49년 1월 12일, 카이사르의 나이 쉰을 갓 넘긴 해의 아침이었습니다. 이렇게 루비콘 강을 건너 곧바로 로마로 진격한 카이사르는 폼페이우스를 몰아내고 정권을 장악했습니다. 이 일화에서 비롯한 "주사위는 던져졌다"라거나 "루비콘 강을 건넜다"라는 표현은 어떤 모험적인 일을 시작할 때나 어떤 일이 이미 시작되어 이제 더 이상 선택의 여지가 없을 때 사용합니다. 또 이미 운명이 결정되어 어찌할 수 없다는 뜻으로도 씁니다.

최근 들어 해가 갈수록 기상 이변과 자연 재해가 늘어만 갑니다. 가뭄, 홍수, 태풍, 한파, 지진, 해일, 폭설 등 전례 없는 온갖 기상 이상과 자연 재해로 지구가 몸살을 앓고 있습니다. 차라리 몸살을 앓고 있는 것이라면 얼마나 다행이겠습니까? 절망적으로 보는 학자들은 지구가 몸살을 앓고 있는 것이 아니라 암, 그것도 말기 암에 걸려 있다고 지적합니다. 암 세포가 다른 기관에 폭넓게 퍼진 말기 암 환자처럼 지구도 오염되고 파괴되어 어떻게 손을 쓰기가 무척 힘들다고 합니다.

영국 옥스퍼드 대학교의 생물학 교수 제임스 러블록(James Lovelock)은 1970년대 '가이아 이론(Gaia theory)'을 주창했습니다. 가이아 이론이란 지구는 스스로 적합한 환경으로 조절하며 살아간다는 내용입니다. 러블록은 이 이론을

『지구상의 생명을 보는 새로운 관점』(1978)이라는 책에서 제시했습니다. 그에 따르면 지구는 하나의 생명체로 자정(自淨) 능력이 있기 때문에 오염되어도 크게 걱정할 것이 없다고 지적했습니다. 그런데 2006년 그는 지구 기후 변화가 사실상 회복 불능 상태로 접어들었다고 진단하며 인류 문명이 더 이상 존재하지 못할 것으로 보인다고 경고했습니다. 러블록은 금세기 안에 유럽과 미국 지역의 평균 기온이 섭씨 8도나 높아지고 열대지방 기온은 5도 상승할 것으로 예측한 뒤 지구 기후 변화가 회복하는 데 10만 년이나 걸리는 단계를 넘어섬으로써 앞으로 수십억 명의 생명을 앗아갈 것이라고 내다보았습니다.

그래서 몇몇 학자들은 "기상 이변의 주사위는 이미 던져졌다"고 말합니다. 마치 지구 멸망의 시한폭탄이 째깍째깍 소리를 내며 작동하고 있기라도 하는 것처럼 말입니다. 우리 모두가 문명이라는 그럴 듯한 이름으로 우리의 어머니인 자연을 무참히게 정복하고 지배한 결과입니다. 그렇게 넉넉한 마음으로 포근하게 자식처럼 인간을 품어 주던 그 '어머니 자연(Mother Nature)'이 이제는 더 이상 참지 못하고 마침내 화를 내고 있는 듯합니다. 너그럽고 인자하던 사람이 막상 화를 내면 더 무서운 것과 같다고나 할까요.

　지구 문제를 잠깐 잊고 좀 더 개인적인 문제로 좁혀 보더라도 "주사위는 이미 던져졌다"는 말이 실감 날 때가 많습니다. 운명을 우리의 힘으로 어떻게 돌이킬 수 없어 안타까울 때가 있습니다. 우리는 루비콘 강을 건너기에 앞서 주저하던 카이사르처럼 삶의 갈림길에서 망설일 때도 있습니다. 어느 쪽을 선택하느냐에 따라 우리 운명의 나침판이 달라지기 때문입니다. 삶이라는 무대에서 당당하게 주인공으로 살아갈 것인가, 조연으로 살아갈 것인가, 아니면 무대에 제대로 한 번 서 보지도 못하고 쓸쓸하게 퇴장할 것인가 하는 것은 전적으로 우리의 선택에 달려 있습니다. 주사위는 이미 던져졌지만 루비콘 강을 건너는 것은 어디까지나 우리의 몫입니다.

'Crossing the Rubicon' refers to any individual or group committing itself irrevocably to a risky or revolutionary course of action.

05
브루투스, 너마저!
Et tu Brute! (You too, Brutus!)

혁명가가 흔히 그러하듯이 루비콘 강을 건너 로마에 도착하여 그나이우스 폼페이우스(Gnaeus Pompeius)를 몰아내고 정권을 장악한 율리우스 카이사르(Julius Caesar)는 처음에는 백성을 위해 선정을 베풀었습니다. 로마의 사회와 정치를 폭넓게 개혁하는 등 혁명가로서의 꿈을 실현하려고 애썼습니다. 그러나 시간이 지나면서 점차 그는 공화정의 귀족정치를 고도로 중앙집권화 했으며, 마침내 자신을 종신 독재관(獨裁官, dictator)으로 선언했습니다. 그러고 보니 알제리 태생의 소설가 알베르 카뮈(Albert Camus)가 왜 "모든 혁명가는 독재자가 아니면 이단자가 된다"고 말했는지 이해가 갑니다.

이렇게 카이사르가 '독재관'이 아니라 '독재자'로 변신하자 민중과 원로원들 사이에서는 불만의 목소리가 점차 높아졌습니다. 그래서 가이우스 카시우스(Gaius Cassius)를 비롯한 원로원 위원이 주축이 되어 카이사르를 암살하게 됩니다. 기원전 44년 카이사르가 로마인의 자유를 위협한다고 판단한 몇몇 원로원 의원은 카이사르가 원로원으로 향하는 길에 그를 에워쌓았습니다.

카이사르는 자신을 죽이려는 사람들 중에 신임하던 옛 친구 브루투스의 얼굴을 보게 됩니다. 다른 원로원에 이어 마지막으로 카이사르에게 브루투스가 칼을 꽂자 카이사르는 "브루투스, 너마저! 그렇다면 카이사르여, 쓰러져라(Et tu Brute! Then fall, Caesar)" 하고 외치며 쓰러졌습니다. 암살자들은 모두 열네 명이었고, 카이사르는 무려 스물세 곳에 상처를 입고 쓰러졌습니다. 카이사르가 최후의 순간을 맞게 된 장소가 다름 아닌 폼페이우스가 만든 집회소였다는 점, 그리고 바로 폼페이우스의 조상(彫像) 아래였다는 점 역시 역사의 아이러니라고 아니할 수 없습니다.

그런데 카이사르가 죽으면서 마지막으로 무슨 말을 했는지는 아직 정확히 알려져 있지 않고 지금까지도 학자들 사이에서 논쟁거리로 남아 있습니다. 로마제국 초기의 역사가 가이우스 수에토니우스(Gaius Suetonius)는 카이사르가 아무 말도 하지 않고 그냥 죽어갔다고 기록하고 있습니다. 또 로마의 역사가 루시우스 플루타르코스(Lucius Plutarchus)도 카이사르가 죽을 때 아무 말도 하지 않았으며, 그가 암살자 사이에서 브루투스를 보자 자신이 입고 있던 토가를 끌어올려 머리 위로 뒤집어썼다고만 적고 있습니다. 그렇다면 본디 없었던 말인데 뒷날 작가들이 상상력을 발휘하여 그럴듯하게 만들어냈다고 볼 수 있습니다.

"브루투스, 너마저!"라는 이 유명한 말을 만들어낸 작가가 바로 영국의 문호 윌리엄 셰익스피어(William Shakespeare)입니다. 그는 카이사르를 주인공으로 삼아 쓴 희곡 작품 『줄리어스 시저』(1599)에서 암살 장면을 아주 극적으로 묘사하여 지금까지도 뭇 사람의 머리에 각인되어 있습니다.

만약 그 친구가 왜 브루투스가 카이사르에게 맞서 일어났느냐고 묻는다면 내 답은 이러하오. 카이사르를 덜 사랑했기 때문이 아니라, 로마를 더 사랑했기 때문이라고. 여러분은 카이사르가 죽고 모두가 자유인으로 살기보다, 카이사르가 살고 여러분 모두가 노예로 살기를 바라는 겁니까?

If then that friend demand why Brutus rose against Caesar, this is my answer: not that I loved Caesar less, but that I loved Rome more. Had you rather Caesar were living and die all slaves, than that Caesar were dead, to live all free men?

 카이사르의 암살 소식을 듣고 흥분한 로마 군중이 광장에서 모여들었습니다. 그리고 카이사르를 암살한 이유를 밝히라고 외쳐대자, 브루투스는 군중 앞에 서서 위와 같은 연설을 합니다. 브루투스는 이 연설로 흥분한 로마 시민들의 마음을 완전히 돌려놓았습니다. 군중은 오히려 그의 편이 되어 순식간에 "브루투스 만세! 브루투스 만세!"를 외쳐댔습니다.

카이사르의 암살에 가담한 열 네 명 중에는 '브루투스'라는 이름을 가진 사람이 두 사람이나 있어 과연 어떤 브루투스가 이 연설을 했는지는 정확히 알 수 없습니다. 물론 셰익스피어는 카이사르의 정부(情婦)였던 세르빌리아의 아들 마르쿠스 브루투스(Marcus Brutus)로 간주했습니다. 카이사르는 "내 아들, 브루투스, 너마저!(Tu quoque, Brute, fili mi)" 하고 말했다고도 전해지는데, 이 말은 카이사르와 브루투스의 관계가 비록 피로 맺어지지는 않았지만 부자(父子)라는 사실을 뒷받침해 줍니다.

한편 '브루투스'는 '마르쿠스 브루투스'가 아니라 '데시무스 브루투스(Decimus Brutus)'라고 주장하는 학자들도 있습니다. 오랫동안 카이사르를 따라 종군했고 카이사르가 가이우스 옥타비아누스(Gaius Octavianus)에 이어 자신의 두 번째 상속자이자 유언집행인 중 하나로 지명했던 사람입니다. 어찌 되었든 '마르쿠스'건 '데시무스'건 브루투스는 후원자요 상관을 배반했다는 이유로 뒷날 두고두고 욕을 얻어먹게 됩니다. 가령 단테 알리기에리(Dante Alighieri)는 『신곡(神曲)』에서 브루투스를 예수 그리스도를 배반한 가롯 유다(Judas Iscariot)와 함께 지옥의 유황불에서 고통 받고 있는 것으로 묘사합니다.

"브루투스, 너마저!"는 이제 관용과 믿음을 베풀어준 사람을 배신할 때 사용하는 관용구가 되었습니다. 이 표현에는 배신감과 함께 슬픔과 원망의 그림자가 짙게 드리워져 있습니다. 신약성경에서 유래한 "유다의 입맞춤(Juda Kiss)"이라는 말도 이 관용구처럼 호의를 가장하여 배반하는 행위를 뜻합니다. '믿는 도끼에 발등 찍힌다'는 우리말 속담도 이와 비슷한 뜻입니다. 브루투스나 유다나 믿는 도끼이지만 나무꾼의 발등을 찍고 말았습니다.

"Et tu, Brute!" means the ultimate betrayal by one's closest friend.

06
찾아냈다, 찾아냈어!
Eureka! Eureka!

고대 시칠리아에서 가장 번성한 도시 시라쿠사의 왕 히에론(Hieron) 2세는 용감한 전사인데다 신앙심 깊은 신자이기도 했습니다. 그는 전장에서 승리를 거둘 때마다 신들에게 선물을 바쳤습니다. 한 번은 승전을 축하하기 위해 불사(不死)의 신들의 신전에 값비싼 금으로 왕관을 만들어 바치기로 했습니다. 왕은 세공 기술이 뛰어난 장인에게 왕관을 만들도록 명령했습니다. 그런데 히에론 왕의 귀에 이상한 소문이 들려왔습니다. 금세공 장인이 자신이 준 금을 모두 사용하지 않고 일부를 가로채고는 은을 섞어 왕관을 만들었다는 것이 아니겠습니까? 왕은 의구심이 들었지만 그 진실을 어떻게 알아볼 도리가 없었습니다.

그래서 히에론 왕은 이 무렵 유명한 학자인 아르키메데

스(Archimedes)를 불러 이 문제를 해결하도록 명령을 내렸습니다. 왕관을 조금도 손상을 입혀서는 안 된다는 명령과 함께 말입니다. 아르키메데스는 이 문제를 해결하려고 궁리에 궁리를 거듭해 보았지만 도저히 해결할 방법이 없었습니다. 이 문제로 고민하던 아르키메데스가 어느 날 공중목욕탕에 갔습니다. 물이 가득 차 있는 욕조에 몸을 담그자 물이 밖으로 넘쳐흘렀습니다.

그러자 아르키메데스는 갑자기 "에우레카! 에우레카!"라는 소리를 외쳐대며 욕조에서 뛰쳐나왔습니다. 그리고 옷도 입지 않은 발가벗은 알몸으로 길거리로 걸어 나와서도 계속 이 말을 외쳐대며 집으로 향했습니다. 이 "에우레카"는 그리스말로 '찾아냈다'나 '발견했다'는 뜻입니다. 영어로 옮기면 아마 "I have found it!" 정도가 될 것입니다. 아르키메데스는 자신이 그토록 찾아내려고 애쓰던 해답을 마침내 목욕탕 욕조 안에서 찾아냈던 것입니다.

물이 가득 찬 용기에 어떤 물체를 담그면 물이 넘쳐흐르는 것은 당연한 일입니다. 욕조에서 흘러나오는 물의 부피는 물속으로 들어 간 몸의 부피와 꼭 같을 것이라고 아르키메데스는 추리했습니다. 그렇다면 그릇에 물을 가득 채우고 그 물 속에 금으로 만든 왕관을 넣으면 왕관의 부피와 똑같은 부피의 물이 그릇에서 흘러나올 것은 뻔한 일이라고 생각했습니다.

생각이 여기까지 미치자 아르키메데스는 곧바로 문제를 풀기 시작했습니다. 모든 금속 중에서도 금은 밀도가 가장 커서 같은 부피의 은보다 훨씬 더 무겁습니다. 그는 정육면체나 직육면체처럼 규칙적인 모양의 금덩이나 은덩이는 길이·너비·높이를 재어서 그 세 수치를 곱하면 부피를 정확하게 구할 수 있다는 사실도 알아냈습니다. 그러나 왕관은 정육면체나 직육면체가 아니고 여러 각이 진 모양을 하고 있기 때문에 그 부피를 어떻게 재는가 하는 것이 문제였습니다.

그러나 그 문제는 생각보다 쉽게 풀렸습니다. 먼저 왕관의 무게를 정확히 측정하고, 왕관과 무게가 똑같은 순금덩이와 순은덩이를 각각 준비했습니다. 그릇에 물을 가득 채우고 금덩이를 물속에 담근 뒤 흘러넘친 물을 받아서 그 부피를 쟀습니다. 그의 추리에 따르면 그 물의 부피는 금덩이의 부피와 동일해야 했습니다. 그런 뒤 아르키메데스는 금덩이 대신 은덩이를 물속에 넣어 실험을 되풀이했습니다. 예상했듯이 이때 흘러넘친 물의 부피는 금덩이보다 컸습니다. 다음으로 물을 가득 채운 그릇 속에 왕관을 넣고 같은 방법으로 부피를 쟀습니다. 왕관의 부피보다는 작은 것을 알 수 있었습니다. 이것으로 미루어 보아 아르키메데스는 왕관이 순금만으로 된 것이 아님을 확신할 수 있었습니다. 더구나 그는 이 결과를 근거로 얼마만큼이나 금을 은으로 바꿨는지도 계산해낼 수 있었습니다. 마침내 아르키메데스는 금세공 장인이 히에론 왕을 속였다는 사실을 밝혀냈습니다. 또한 그는 이 일을 계기로 '아르키메데스의 원리'를 정립하게 되었습니다.

발가벗은 몸으로 "에우레카! 에우레카!"를 외치며 시라쿠사 거리를 뛰어가고 있는 아르키메데스의 모습이 눈앞에 선합니다. 그런데 이 모습에서는 한 괴짜의 우스꽝스럽거나 별난 행동이나 기행(奇行)보다는 오직 진리를 추구하려는 한 과학자의 열정과 탐구 정신을 느끼게 됩니다. 진리를 발견하고 기뻐하는 모습은 마치 신기한 물건을 찾아낸 어린아이처럼 순진하기만 합니다. 아르키메데스가 부르짖은 "에우레카! 에우레카!"는 서양의 과학과 학문이 태어나며 내는 '고고(呱呱)의 소리'라고 하여도 크게 틀리지 않을 것 같습니다. 만약 이 소리가 없었더라면 서양 학문은 아직껏 태어나지 않았거나 태어났어도 지금처럼 발전하지 못했을지도 모릅니다.

로모나 톰슨(Romona Thompson)이라는 시인은 최근 「에우레카! 에우레카!」라는 희화적(戲畵的)인 시를 썼습니다.

찾아냈노라! 찾아냈노라!
나는 찾아냈노라!
마침내 치료약을
이 세상에서 아무리 치명적인 질병이라도
치료할 수 있는 약을.

Eureka! Eureka!
I have found it!
At last I have found the cure
The cure for the world's most deadly and cruel sickness.

달에 로켓을 쏘아 올리는 등 과학이 발달했는데도 아직도 많은 사람이 질병에 시달리고 있습니다. 암도 아직 그 원인을 시원스럽게 밝혀내지도, 또 제대로 된 치료약을 개발해 내지도 못하고 있습니다. 톰슨은 위 시에서 이러한 현상을 날카롭게 꼬집고 있습니다.

"에우레카"라는 관용어는 미국 캘리포니아 주의 모토이기도 합니다. 1848년 서터스밀(Sutter's Mill) 근처에서 금광이 처음 발견되면서 이른바 '황금러시(Gold Rush)'가 시작되었습니다. 그래서 캘리포니아 주 문장(紋章)에는 이 "에우레카"라는 말이 적혀 있습니다. 1957년 이 주는 "우리는 하느님을 믿는다(In God We Trust)"를 주 모토로 삼으려고 했지만 무산되고 1963년 그 대신 "에우레카"를 공식적인 주 모토로 삼았습니다.

Eureka is an interjection used to celebrate a sudden discovery or to express triumph upon finding or discovering something.

07
고르디우스의 매듭
Gordian Knot

고대 프리지아에 고르디우스(Gordius)라는 농부 한 사람이 살고 있었습니다. 어느 날 쟁기로 밭을 갈고 있는데 독수리 한 마리가 쟁기 자루에 앉더니 하루 종일 떠나가지 않는 것입니다. 참으로 이상한 일이라고 생각하며 그는 티르메소스라는 마을에 가게 되었습니다. 고르디우스가 이 마을 사람들에게 자신이 겪은 일을 이야기하자 우물에서 물을 긷던 한 처녀가 그 독수리를 제우스 신전에 제물로 바치라고 일러주었습니다. 이 무렵 프리지아는 내란이 거듭되어 큰 혼란을 겪고 있었습니다. 제사장이 신에게 해결책을 묻자 이륜마차를 타고 오는 첫 번째 사람이 나라를 구하고 왕이 될 것이라는 신탁을 내렸습니다. 고르디우스가 이륜마차를 타고 이곳에 나타나자 왕으로 추대되었습니다. 왕이 된 고르디우스는 자신의 이름을 따서 프리지아의 수도 고르디온을 세웠습니다.

고르디우스는 왕이 된 것을 기념하기 위해 신전에 자신이 타고 온 마차를 묶어 두었습니다. 아무도 훔쳐가지 못하도록 매듭을 아주 복잡하게 얽히고설키게 꼬아 묶어 놓았습니다. "이 매듭을 푸는 사람은 아시아를 지배하는 왕이 될 것"이라는 신탁이 전해지자 많은 사람이 그것을 풀려고 무척 애를 썼지만 번번이 실패했습니다.

이때 마케도니아의 알렉산드로스(Alexandros) 왕이 원정길에 고르디온에 도착하게 되었습니다. 그의 아버지는 바로 필립포스 2세(Philipos II)였습니다. 필립포스 왕은 스파르타를 제외한 그리스 전역을 손아귀에 넣을 만큼 용맹한 사람이었습니다. 아버지가 이렇게 영토를 확장하는 것을 보고 나이 어린 아들 알렉산드로스는 별로 달가워하지 않으면서 "세계의 땅에는 한도가 있다. 부왕은 자식을 위해 정복할 땅을 남겨두시지 않을 셈이란 말인가?"하고 불만을 털어놓을 정도였습니다. 아버지가 사망한 뒤 마케도니아의 왕이 된 알렉산드로스는 눈을 동쪽으로 돌려 페르시아를 짓부수고 동쪽으로 다시 침략의 손을 뻗쳐나갔습니다. 그러던 중 마침내 소아시아 서안에 있는 프리지아를 함락하고 이 고르디온까지 오게 된 것입니다.

승리의 기쁨에 도취해 있던 알렉산드로스는 곧바로 이 도시의 신전을 찾아 갔고, 그곳에서 바로 매듭을 단단히 묶어 놓은 수레를 발견했습니다. 이 매듭을 푸는 사람이 아시아의 왕이 될 것이라는 신탁이 내려졌다는 말을 듣고 그는 잠시 매듭을 찬찬히 살펴본 뒤 풀어 보려고 했습니다. 그러나 아무리 풀어 보려고 애써도 도무지 풀리지 않자 느닷없이 칼을 번쩍 뽑아 매듭을 내려쳐 잘라 버렸습니다.

그 뒤 알렉산드로스 왕은 군사를 이끌고 이집트에 들어가 나일 강 하구에 자신의 이름을 따서 알렉산드리아라는 도시를 건설했습니다. 페르시아를 정복한 그는 다시 이번에는 인도를 정복하여 인더스 강까지 이르렀습니다. 알렉산드로스 왕은 이 큰 강이야말로 세계의 끝이라고 말하면서 더 이상 전진하지 않았습니다. 강가 땅바닥에 엎드린 채 그는 울면서 이렇게 부르짖었다고 합니다.

과인에게는 이제 더 정복해야 할 땅이 없도다!

There are no more worlds to conquer!

어떤 학자들은 알렉산드로스 왕이 이 말을 한 것은 인더스 강가가 아니라 아버지 필립포스 왕이 그리스 땅을 정복할 때라고 주장하기도 합니다. 자신이 정복할 땅을 아버지가 남겨두지 않는다고 한탄하며 한 말이라는 것이지요. 어찌되었든 알렉산드로스 왕은 무쇠 덩어리라면 무엇이든 집어삼킨다는 전설의 동물 불가사리처럼 남의 나라 땅을 마음대로 정복한 대제국의 지배자였다는 사실은 틀림없습니다. 고르디온 신전의 신탁대로 알렉산드로스 왕은 마침내 아시아의 지배자가 되었지만 칼에 잘린 매듭이 여러 조각으로 나뉜 것처럼 그가 정복한 땅도 네 개 지역으로 나뉘고 말았습니다.

"고르디우스의 매듭"이란 아무리 애를 써도 해결하기 어려운 문제를 뜻하거나, 알렉산드로스 대왕이 칼로 매듭

을 잘라 버린 것처럼 복잡한 문제를 대담한 행동으로 단번에 해결한다는 뜻으로 쓰입니다. 이 "고르디우스의 매듭"은 알렉산드로스 왕이 풀었다고 하여 흔히 '알렉산드로스 왕의 해법(Alexandrian Solution)'이라고도 부릅니다.

동양에서도 "고르디우스의 매듭"과 비슷한 '쾌도난마(快刀亂麻)'라는 사자성어가 있습니다. 날랜 칼로 복잡하게 헝클어진 삼을 베어낸다는 뜻으로 어지럽게 뒤얽힌 일이나 정황을 재빠르고 명쾌하게 처리하는 것을 말합니다. 어지럽게 헝클어진 실타래를 한 올 한 올 풀어내려고 애쓰기보다는 날카로운 칼로 단숨에 베어내는 것이 좋을 수도 있다는 뜻입니다. 복잡하게 뒤얽힌 일 일수록 단순하게 처리하려고 노력하는 것이 중요하다는 교훈을 새삼 일깨워줍니다.

우리는 가끔 큰 곤경에 빠진 나머지 어떠한 해결책도 찾을 수 없다는 절망감에 휩싸일 때가 있습니다. 아무리 사방을 둘러보아도 해결의 빛 한 줄기 보이지 않고 칠흑 같은 어둠만이 짙게 깔려 있습니다. 두 손을 들고 자포자기에 빠지고 싶을 때도 있습니다. 그러나 이렇게 절망의 파도가 밀려올 때, 그래서 모든 것을 포기하고 싶은 유혹이 들 때 칼을 들어 매듭을 내리친 저 알렉산더 대왕처럼 과감하고 담대하게 행동하면 어떨까요? 그러면 생각 밖으로 문제가 쉽게 풀릴 수도 있습니다.

Gordian Knot means any difficulty the only issue out of which is by bold or unusual manners.

08
만물은 유전(流轉)한다
Panta Rei (All is flux)

모든 학문이 그러하듯이 철학도 고대 그리스에 뿌리를 박고 발전해 왔습니다. 그런데 철학의 강은 크게 두 줄기에서 갈라져 나왔습니다. 한 줄기는 그리스에서 가장 큰 무역도시 에페소스에서 태어난 헤라클레이토스(Heraclitus)이고, 다른 줄기는 오늘날 이탈리아 벨리아에 해당하는 엘레아에서 태어난 파르메니데스(Parmenides)입니다. 헤라클레이토스는 세상을 끊임없이 변화하는 것으로 본 반면, 파르메니데스는 세상이 변하지 않고 고정불변한 상태에 있다고 보았습니다. 이 두 철학자는 서로 정반대 입장에서 우주를 파악했던 것입니다.

기원전 6세기 후반에 활약한 헤라클레이토스는 명문 가문 출신으로 귀족적 성향의 괴팍한 사람이었습니다. 심지어 자신보다 현명한 사람은 없다고 자신 있게 말할 정도여서 다른 사람들과 토론을 벌이다가도 갑자기 말을 멈추고 "잠깐! 내 자신에게 어디 한 번 물어보고 다시 이야기 합시다"하고 스스로에게 자문을 구할 정도였습니다. 장남이었지만 그는 마땅히 물려받아야 할 최고 제사장 자리를 동생에게 물려주고 자신은 아르키메스 신전에서 어린아이들과 주사위 놀이를 하면서 한가하게 시간을 보냈습니다.

그런데 그 이유가 걸작입니다. 아이들 놀이가 정치보다 훨씬 더 제대로 돌아가기 때문이라는 것이었습니다. 심지어 "정치가 제대로 돌아가기 위해서는 어른들은 모두 목매달아 죽고 수염도 안 난 애송이들에게 맡겨야 한다"고 말하면서 서슴지 않고 독설과 야유의 화살을 퍼부어댔습니다. 헤라클레이토스는 언제나 어두운 얼굴로 깊은 사색에 잠겨 있거나 걸핏하면 비관적인 말을 하며 울상을 짓는 바람에 사람들은 그를 '어두운 사람' 또는 '울보 철인'이라고 불렀습니다.

이 별난 철학자 헤라클레이토스는 세계의 본질을 변화하고 생성하는 것으로 보았습니다. 그는 "만물은 흐른다"라고 주장했으며 또 이렇게 말하기도 했습니다.

> 우리는 똑같은 강물에 두 번 발을 담글 수는 없다. 다른 강물이 계속하여 우리에게 흘러오고 있기 때문이다.

> You could not step twice into the same river ; for other waters are ever flowing on to you.

이 유명한 구절은 플라톤(Platon)이 『크라틸루스』라는 책에서 인용하여 지금까지도 전해오고 있습니다. 어떤 학자들은 플라톤이 잘못 인용하였으며, 헤라클레이토스가 실제로 한 말은 "우리는 똑같은 강물에 들어가기도 하고 들어가지 않기도 한다. 우리는 존재하기도 하고 존재하지 않기도 한다"라고 주장하기도 합니다. 다시 말해서 강둑에서 발을 옮겨 강물에 발을 들여 놓아도 발밑에 흐르는 강물은 방금 전에 흐르던 그 강물이 아니라는 것입니다.

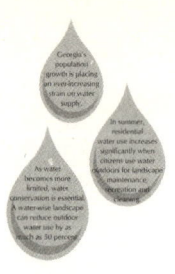

　헤라클레이토스가 한 말이 정확히 어느 쪽이든 그가 하려는 말뜻은 분명합니다. 즉 이 세상은 끊임없이 변화하고 생성하고 있다는 사실입니다. 따지고 보면 강물만 흘러가는 것이 아니라 강물에 발을 담그는 인간도 변합니다. 엄밀히 말해서 지금 이 순간의 '나'는 바로 일초 전의 '나'와는 다릅니다. 이같이 세상 모든 것은 끊임없이 변하고 움직이고 있습니다. 그래서 헤라클레이토스는 "이 세상에서 변하지 않는 것이란 오직 변화밖에는 없다"고 잘라 말하기도 합니다. 그에게 변화를 거부하는 것은 곧 존재의 본질을 거부하는 것과 같습니다. 아무리 눈을 씻고 찾아보아도 아마 그처럼 변화와 생성에 무게를 싣는 철학자도 찾아보기 힘들 것 같습니다. 우리가 자랑하는 시인 황진이(黃眞伊)는 이렇게 노래하지 않았습니까?

산은 옛 산이로되 물은 옛 물이 아니로다.
주야(晝夜)에 흐르니 옛 물이 있을소냐.

인걸(人傑)도 저 물 같아서 가고 아니 오노매라.

여기에서 '인걸'은 일반적 의미의 인간보다는 황진이가 사모하던 학자 화담(花潭) 서경덕(徐敬德)이라고 생각하는 사람도 있습니다. 어찌 되었든 헤라클레이토스의 관점에서 보면 황진이가 중장과 종장에서 노래하는 말은 맞지 않습니다. 변하는 것은 비단 물과 사람뿐만 아니라 산도 변하여 옛날과 같을 수 없기 때문입니다. 우리 속담에도 "십년이면 강산도 변한다"는 말이 있지 않습니까?

헤라클레이토스가 말하는 '만물유전(萬物流轉)', 즉 세상 만물이 끊임없이 변한다는 생각은 그 뒤 서양 철학에 큰 영향을 끼쳤습니다. '존재(being)'보다는 '생성(becoming)'에 무게를 싣는 것이 현대 철학의 경향입니다. 인간도 'human being'이 아니라 이제 'human becoming'이 되어야 한다고 주장하는 학자들이 있습니다. 이 만물유전의 사상은 비단 철학뿐만 아니라 일상생활에서도 아주 소중합니다. 우리는 천년만년 영원히 살 것처럼 생각하고 행동하는 경우가 의외로 많습니다. 모든 것이 끊임없이 변화한다는 진리를 받아들일 때 우리는 삶을 제대로 파악하고 건강하게 살아갈 수가 있습니다.

헤라클레이토스가 말하는 '만물 유전' 사상은 동양 문화권에서는 '유위변전(有爲變轉)'이라고 합니다. 세상은 항상 변화무쌍하여 잠시도 머물러 있는 법이 없다는 뜻입니다.

"Panta Rei" means that everything flows, that everything is constantly changing, and that nothing ever stays the same.

09
건전한 신체에 건전한 정신

Mens sana in corpore sano
(Sound mind in sound body)

우리나라 사람들은 유난히 건강에 대한 관심이 높습니다. 가령 붉은 포도주가 몸에 좋다고 하면 포도주 가게에 금방 포도주가 동이 나고, 등 푸른 생선이 몸에 좋다고 하면 밥상에는 늘 고등어만 오릅니다. 심지어 곰쓸개가 몸에 좋다고 하여 살아 있는 곰의 쓸개에 빨대를 꽂아 쓸개를 빨아먹는 짓도 서슴지 않으며, 기생충이 있는 사슴의 생피도 마구 빨아먹기도 합니다. 대통령을 지낸 어떤 분은 "머리는 빌릴 수 있지만 건강은 빌릴 수 없다"는 명언을 남기며 새벽마다 달리기를 했습니다. 적어도 건강에 관한 한 한국사람들은 참으로 유별납니다.

이렇게 유별나게 건강을 챙기는 것은 비단 한국사람들만이 아닙니다. 그 역사를 거슬러 올라가다 보면 저 까마득히 멀리 고대 그리스와 로마 사람들을 만나게 됩니다. 올림픽 경기를 시작한 그리스에서는 건강한 신체를 무엇보다도 중요하게 생각했습니다. 로마시대에 이르러서도 사정은 이보다 더하면 더하지 덜하지는 않았습니다. 요즈음 현대인처럼, 아니 어쩌면 현대인보다도 더욱 신체 단련과 건강에 열을 올렸습니다.

고대 로마의 시인 유베날리스(Juvenalis)는 이러한 열풍을 자못 못마땅하게 생각했습니다. 이 무렵 특히 로마의 검투사들은 신체를 단련하여 우람한 근육을 키우는 데 온힘을 쏟았습니다. 가득이나 풍자와 독설을 퍼붓기로 이름 난 유베날리스의 눈에 이러한 건강 열풍이 곱게 보일 리 없었습니다. 그는 모두 열여섯 편에 이르는 풍자시를 남겼습니다. 그 중에는 루시우스 세이아누스(Lucius Seianus)처럼 권세에 빠져 있는 오만한 정치가, 웅변에서 이름을 날린 마르쿠스 키케로(Marcus Cicero), 용맹하기로 유명한 카르타고의 장군 한니발(Hannibal), 빼어난 미모를 자랑하는 클레오파트라(Cleopatra) 등 그의 날카로운 비판의 화살을 빗겨간 사람이 거의 없다시피 했습니다.

유베날리스는 이렇게 정신의 건강은 도외시한 채 신체의 건강에만 열을 올리는 이 무렵 사람들을 날카롭게 꼬집는 시를 쓰기도 했습니다.

건강한 육체에 건강한 정신이 깃들기를 원하노라.
죽음을 두려워하지 않는 용감한 영혼을 구하라.

orandum est ut sit mens sana in corpore sano.
fortem posce animum mortis terrore carentem.
(It is to be prayed that the mind be sound in a sound body. Ask for a brave soul that lacks the fear of death.)

"건강한 육체에 건강한 정신!"이라는 구호는 바로 유베날리스의 시에서 비롯한 것입니다. 이 구호는 일제 강점기부터 세계화를 부르짖는 21세기까지 우리나라 곳곳에서 쉽게 볼 수 있습니다. 학교의 체육관이나 스포츠센터의 벽에도 이 구호가 붙어 있고, 교관이 신병을 엄격하게 훈련시키는 훈련소에서도 이 구호를 들을 수 있습니다. 이렇게 현대에 이르러 건강의 중요성이나 운동의 필요성을 역설할 때면 으레 이 표현을 쓰고 있습니다.

일찍이 아리스토텔레스(Aristoteles)도 "교육이란 건강한 육체에 건강한 정신을 만드는 과정"이라고 말했습니다. 또한 17세기 영국의 경험주의 철학자 존 로크(John Locke)도 "건강한 육체에 건강한 정신이라는 말은 이 세상에서의 행복을 간결하지만 충실하게 기술한 말"이라고 밝힌 적이 있습니다.

그러나 엄밀히 따지고 보면 이 구호는 유베날리스의 시를 잘못 이해하여 사용하고 있는 것입니다. "건강한 육체에 건강한 정신이 깃들기를 원하노라"라는 구절에서 뒷부분 '원하노라'는 살짝 빼버리고 앞부분만을 취하여 "건강한 육체에 건강한 정신이 깃든다"고 말하기 때문입니다. '원하노라'라는 구절을 넣는 것과 이 구절을 넣지 않는 것 사이에는 의미에서 큰 차이가 납니다. "불조심 강조 기간"이 있다는 것은 그만큼 사람들이 불조심을 하지 않는다는 반증입니다. 마찬가지로 건강한 육체에 건강한 정신이 깃들기를 '원한다'는 말은 이 무렵 사람들이 유독 '건강한 육체'에만 깊은 관심을 기울일 뿐 '건강한 정신'에는 별로 신경을 쓰지 않았다는 말입니다.

더구나 "건강한 육체에 건강한 정신!"이라고만 하면 논리적으로도 잘 들어맞지 않습니다. 육체가 건강하지 않은 사람도 얼마든지 '건강한 정신'을 유지할 수 있습니다. 영국의 저명한 물리학자 스티븐 호킹(Stephen William Hawking)

을 기억하는 사람이 많을 것입니다. 그는 스물두 살 때 근육과 신경계 난치병인 루게릭 병에 걸려 휠체어에 몸을 의지하면서도 강의와 연구로 왕성한 삶을 살아가고 있습니다. 그런데 호킹은 몇 해 전 한 인터뷰에서 "운동하는 데 시간을 허비하지 않아도 되니 얼마나 좋은지 모릅니다"라고 말한 적이 있습니다. 두말할 나위 없이 자신의 신체장애를 빗대어 우스갯소리로 한 말입니다. 그렇다면 "건강한 정신에 건강한 육체가 깃든다"고 말할 수도 있습니다. 그러고 보니 "육체를 조종하는 것이 정신일진대 정신이 정도(正道)를 걷는다면 육체는 자연히 정도를 걷게 될 것"이라는 『채근담(菜根譚)』의 교훈도 그 뜻이 새롭게 다가옵니다.

세계보건기구(WHO)에서도 건강에 대하여 정의를 내리면서 "한 개인의 완벽하게 육체적, 정신적, 심령적 그리고 사회적 행복에 놓여 있는 상태"라고 규정짓습니다. 건강을 정의하면서 이렇게 단순히 육체적인 상태뿐만 아니라 정신적이고 심령적인 것과 사회적 안녕까지도 고려하고 있습니다. 그런가 하면 최근에는 '웰빙(well-being)' 못지않게 중요한 것이 '웰다잉(well-dying)'이라고 말하기도 합니다. 즉 어떻게 죽느냐 하는 것이 어떻게 사느냐 하는 문제 못지않게 중요하다는 말입니다.

Mens sana in corpore sano means that those who are healthy in body are in healthy in mind.

10
인생은 짧고 예술은 길다

Ars longa, vita brevis
(Art is long, life is short)

의학의 발달에 힘입어 인간의 수명이 예전보다는 많이 길어졌다고는 하지만 학이나 거북 같은 동물과 비교하면 아직도 턱없이 짧습니다. "학은 천년, 거북은 만년"이라는 말도 있듯이 학과 거북은 인간보다 오래 삽니다. 그래서 예로부터 동양 문화권에서 이 두 동물이 장수를 상징하는 길상 이미지로 존중받아 왔습니다. 더구나 인간의 삶은 불멸의 예술과 비교해 보면 더더욱 덧없기 그지없습니다. "인생은 짧고 예술은 길다"는 말은 바로 이 점을 지적한 말입니다. 본디 이 말은 고대 그리스시대의 의사 히포크라테스(Hippocrates)가 처음 언급한 말로 널리 알려져 있습니다. 그는 『경구집』에서 이렇게 말하고 있습니다.

인생은 짧고 예술은 길다.
기회는 달아나기 쉽고
실험은 믿을 만한 것이 못되며
판단은 어렵기만 하다.

Ars longa, vita brevis,
occasio praeceps,
experimentum periculosum,
iudicium difficile.
(Art is long, life is short,
opportunity fleeting,
experiment dangerous,
judgment difficult.)

이 중에서 나머지 구절은 거의 잊힌 채 첫 구절만이 남아 인구(人口)에 회자(膾炙)되고 있습니다. 뒤 구절을 대략 옮기면 기회는 달아나기 쉽고 실험은 위험천만하여 믿기 어렵고 판단마저 내리기 힘들다면, 인간에게는 무엇 하나 녹록한 것이 없을 것이라는 뜻입니다. 여기에다 인간은 수명마저 짧기 때문에 더더욱 절망적이라고 할 수밖에 없습니다. 예로부터 서양 문화권에서나 동양 문화권에서 인간의 삶이란 덧없고 속절없는 것으로 보았습니다. 구약성서 「시편」에서는 "인생은 한 순간의 꿈일 뿐, 아침에 돋아난 한 포기 풀과 같이 사라져 갑니다. 풀은 아침에는 돋아나서 꽃을 피우다가도, 저녁에는 시들어서 말라 버립니다"라고 노래하지 않았습니까? 또 동양에서도 '초로인생(草露人生)'이니 '조로인생(朝露人生)'이니 하여 속절없는 인간의 삶을 풀잎에 맺힌 아침 이슬에 빗댑니다.

그런데 히포크라테스가 정말로 하려던 말은 단순히 인생이 짧아서 덧없고 속절없는 반면, 예술은 영원무궁하다는 것이 아니었습니다. "인생은 짧고 예술은 길다"에서 라틴어 'ars'나 영어 'art'는 흔히 '예술'로 옮기지만 실제로는 이보다 훨씬 더 넓은 뜻을 지니고 있는 말입니다. 고대 그리스어 'tekhnê'는 'fine art'라고 할 때처럼 예술을 가리키는 것이 아니라 'art of war'라고 말할 때처럼 '기술'을 가리킵니다. 좀 더 구체적으로 말하자면 '의술'을 뜻합니다. 여러분도 잘 아시다시피 히포크라테스의 직업은 의사였습니다. 그래서 그를 '의성(醫聖)'이나 '의학의 아버지'라고 불렀습니다. 히포크라테스 학파를 이끈 장본인입니다. 이 학파에서는 처음으로 의학을 마술과 철학에서 분리해냄으로써 의학을 독자적인 학문의 반열에 올려놓았습니다. 뒷날 다른 의사들이나 철학자들이 자신들의 글을 덧붙이기는

고대 편 71

했지만 『히포크라테스 의학 집성』은 최초의 의학 저서라고 할 수 있습니다.

히포크라테스의 말을 "인생은 짧고 예술은 길다"로 번역한 것은 일본 번역가 때문이었습니다. 일제 강점기에는 서양 텍스트를 원문에서 직접 번역하기보다는 일본사람이 번역해 놓은 것을 다시 한국어로 번역하는 중역의 형태를 취하기 일쑤였습니다. 한 일본 번역가가 '기술'을 '예술'로 번역해 놓은 것을 한국 번역자가 그대로 사용했고, 그 번역은 지금까지도 그대로 통용되고 있는 것이지요. 물론 히포크라테스가 말하는 '기술'이라는 말에는 '의술'뿐만 아니라 '예술'의 의미도 들어 있다고 볼 수도 있습니다.

그러나 그가 본디 의도한 말뜻은 인생은 짧은데 의술을 익히기란 여간 힘든 일이 아니라는 것이었습니다. 위에 인용한 구절 바로 다음에는 "의사는 옳은 것을 스스로 실천에 옮길 준비가 되어 있어야 할 뿐만 아니라, 환자들이나 시중드는 사람들, 그리고 외부인들도 협력하도록 만들어야 한다"고 말하고 있습니다. 이 구절을 보면 그가 예술보다는 좁게는 '의술', 넓게는 '기술'을 뜻하고 있음에 틀림없습니다. 14세기에 활약한 영국의 시인 제프리 초서(Geoffrey Chaucer)도 "인생은 짧은데 기술을 익히기에 너무 시간이 걸린다"라고 노래한 적이 있습니다.

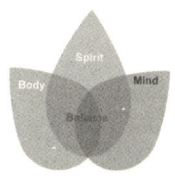

한편 히포크라테스의 "인생은 짧고 예술/기술은 길다"는 구절은 인생이 짧고 덧없음을 한탄하기보다는 예술이나 기술의 영원성을 언급하면서 사람들에게 훌륭한 작품을 창작하도록 권하는 말로 해석할 수도 있습니다. 그러한 작품을 창작하지 못하면 적어도 그 작품에 경의를 표할 줄 아는 안목이라도 기르도록 권하는지도 모릅니다. 위대한 예술이란 인간의 수명보다 길이 살아남기 때문입니다.

히포크라테스의 이 유명한 구절은 대구법(對句法) 때문에 자주 패러디되고 있습니다. 가령 국가인권위원장을 지낸 한 인사는 위원장 자리를 사퇴하면서 "정권은 짧지만 인권은 길다"고 말한 적이 있습니다. 주식 투자를 하는 어떤 사람은 "바닥(조정 기간)은 길고 천정(최고점)은 짧다"라고 푸념을 늘어놓습니다. 그런가 하면 한 권에 몇 백 쪽 분량이나 되는 장편소설을 평생 연구하는 학자는 "소설은 길고 인생은 짧다"라고 불평 아닌 불평을 늘어놓기도 합니다.

Ars longa, vita brevis means that life is too short for you to master any sort of craft or art.

11
금단의 열매

Forbidden Fruit

어떤 일을 하지 말라고 말리면 더욱 하고 싶은 것이 인간의 본성입니다. 어렸을 적부터 자주 들어 온 청개구리 이야기도 유가 질서에서 효(孝)의 중요성 못지않게 이러한 인간 본성을 말하는 일화로 받아들일 수 있습니다. 그래서 "청개구리 같다"고 하면 시키는 대로 하지 않고 그와는 정반대로 행동하는 사람을 가리킵니다. 심리학에서는 이러한 현상을 '심리적 반발(psychological reactance)'이라고 부릅니다. 미국의 심리학자 잭 브렘(Jack W. Brehm)은 사람들이 자신의 자유가 위협받고 있거나 박탈당한다고 생각할 때 심리적으로 흥분하게 되어 있어 그것에 대하여 반발한다는 이론을 전개하여 주목을 받았습니다.

서양에서는 이러한 현상을 "금단의 열매"라고 합니다.

두말할 나위 없이 이 고사성어나 관용어의 역사는 까마득히 멀리 구약성서 「창세기」로 거슬러 올라갑니다. 천지를 창조한 뒤 하느님은 아담을 에덴동산으로 데리고 가 그곳을 맡아서 돌보게 하며 이렇게 명령을 내렸습니다.

> 동산에 있는 모든 나무의 열매는, 네가 먹고 싶은 대로 먹어라. 그러나 선과 악을 알게 하는 나무의 열매만은 먹어서는 안 된다. 그것을 먹는 날에는, 너는 반드시 죽는다.
> (새번역)

> You are free to eat from any tree in the garden, but you must not eat from the tree of the knowledge of good and evil, for when you eat of it you will surely die. (NIV)

성서에 따르면 하느님은 그 뒤 하와를 창조하여 아담과 짝을 맺게 했고, 역시 에덴동산에서 살게 했습니다. 그런데 어느 날 하와는 뱀의 유혹에 넘어가 그만 이 "금단의 열매"를 따먹고 맙니다. 하와가 뱀에게 그 선악의 나무에 달린 열매는 절대로 먹지 말고 손으로 만지지도 말라고 했다고 말하자 뱀은 "너희는 절대로 죽지 않는다. 하나님은, 너희가 그 나무 열매를 먹으면, 너희의 눈이 밝아지고, 하나

님처럼 되어서, 선과 악을 알게 된다는 것을 아시고, 그렇게 말씀하신 것"이라는 달콤한 말로 유혹합니다. 마침내 하와는 이 열매를 먼저 따먹고 아담에게도 먹게 했으며, 마침내 두 사람은 에덴동산에서 영원히 쫓겨납니다. 신학자들이 '원죄(原罪)'라고 부르는 그 엄청난 사건이 일어나는 바로 그 순간이지요.

그런데 이 "금단의 열매"가 과연 어떤 과일이었는지를 두고 성서학자들은 아직도 침을 튀기며 논쟁하고 있습니다. 성서에서는 구체적으로 과일 이름을 밝히고 있지는 않지만 아마 사과일 것이라고 대체로 입을 모읍니다. 언어학적으로 보자면 라틴어 '말루스(malus)'는 명사형으로는 사과를, 형용사형으로는 '악'을 가리킵니다. 명사형과 형용사형이 의미에서 잘 맞아떨어집니다. 남성은 여성과 비교하여 목에 결후(結喉)가 두드러지게 드러나 보입니다. 이 결후를 영어로는 흔히 '아담의 사과(Adam's apple)'라고 부릅니다. 아담이 하느님 몰래 금단의 과일인 사과를 성급하게 먹다가 목에 걸려 그만 결후가 되었다는 전설 때문입니다.

슬라브 문화권 텍스트에서 이 금단의 과일은 포도로 묘사되어 있습니다. 유태교 신비주의 경전인 『조하르』에서도 이 과일은 사과가 아니라 포도로 나옵니다. 또 어떤 성서학자는 아담과 하와가 과일을 따먹고 난 뒤 무화과나무 잎사귀로 치부를 가렸다는 점을 들어 어쩌면 그 금단의 과일이 무화과일 것이라고 추측합니다. 서양에서 무화과는 오랫동안 여성의 성(性)을 상징하는 과일이었으며, 미켈란젤로(Michelangelo di Lodovico Buonarroti Simoni)가 그린 시스틴 성당 벽화에서 볼 수 있듯이 르네상스 시대 이탈리아에서는 금단의 과일로 사과 못지않게 널리 사용되었습니다. 금단의 과일이 배일 것이라고 추측하는 학자도 있고, 토마토일 것이라고 추측하는 학자도 있습니다. 이밖에도 석류를 비롯하여 구주콩나무, 시트론, 흰독말풀 열매, 에트로그나무 열매, 심지어 밀까지도 금단의 과일 목록에 오르내리고 있는 실정입니다.

그러나 이 "금단의 열매"를 굳이 특정한 나무의 과일로 볼 필요는 없습니다. 성서에서는 어디까지나 상징적 의미로 사용하고 있기 때문입니다. 어쩌면 구약시대에는 존재했지만 지금은 존재하지 않는 나무의 열매일지도 모릅니다. 지금은 기독교의 교리나 성서를 떠나 비유나 상징으로 널리 사용합니다.

　이 "금단의 열매"가 본뜻에서 점차 멀어져 비유적 의미로 널리 쓰이기 시작한 것은 17세기에 이르러서였습니다. 1663년 영국에서 공화주의자 올리버 크롬웰(Oliver Cromwell)이 찰스 1세(Charles I)를 단두대에서 처형하고 공화 정부를 세운 것을 두고 한 역사가는 "왕권이라는 금단의 열매를 훔치고 맛보았다(The stealing and tasting of the forbidden fruit of sovereignty)"고 기록했습니다. 미국 작가 대니얼 퀸(Daniel Quinn)은 『이시마엘』(1992)이라는 다분히 철학적인 소설에서 "금단의 열매"를 인간이 수렵 문명에서 농업 문명으로 이행하면서 잃게 되는 소중한 '삶의 질(Quality of life)'의 상실을 가리키는 은유로 사용합니다.

　한마디로 이 "금단의 열매"는 금지되어 있기 때문에 한층 더 욕망을 자극하는 대상, 좀 더 구체적으로 말해서 불의(不義)의 쾌락이나 밀통(密通) 등을 뜻합니다. 그래서 서양에서는 아예 "금단의 열매가 가장 달콤하다(Forbidden fruit is sweetest)"는 속담까지 생겨나게 되었습니다. 이제 이 말은 서양뿐만 아니라 동양에서도 널리 사용되고 있습니다. 가령 일본에서 만든 드라마 〈금단의 과실〉(1994)에서는 누나와 남동생의 근친상간을 다룹니다. 또 토미에(富江) 시리즈의 마지막 작품 「금단의 과실」(2002)에서는 한 고등학교 남학생이 여자 친구의 어머니와 사랑을 나누는 내용을 다루고 있습니다. 그런가 하면 최근에는 이 말은 젊은이들 사이에서는 환각제를 가리키는 은어로도 사용합니다.

Forbidden Fruit means an indulgence or a pleasure that is illegal or is believed to be immoral.

12
눈에는 눈, 이에는 이
An eye for an eye, a tooth for a tooth

얼마 전 일간신문에 파키스탄 법원이 한 여성을 납치해 코와 귀를 자른 혐의로 붙잡힌 두 남성에게 피해자와 꼭 마찬가지로 코와 귀를 자르라는 명령을 내렸다는 뉴스가 실려 있었습니다. 파키스탄 반(反)테러법원은 라호르 시에서 열린 재판에서 셰르 모하마드와 아마나트 알리라는 두 남성에게 종신형과 벌금 8,300달러를 선고하고 그들의 코와 귀를 자르라고 명령했다는 것입니다. 이 법원 관리인 아자르 아민은 "법원이 이슬람의 처벌 원칙인 '눈에는 눈, 이에는 이'에 근거하여 두 사람의 코와 귀를 자르라고 명령했다"고 말했습니다. 두 남성은 피해자 여성이 가해자 둘 가운데 한 명의 결혼 요청을 거절하자 그녀를 납치하여 코와 귀를 자른 혐의로 유죄 판결을 받았습니다.

법원 관리인이 "이슬람의 처벌 원칙"이라고 말하는 데서 엿볼 수 있듯이 이슬람교에서는 가해자에게 상해를 입힌 것에 상응하는 엄격한 처벌을 규정하고 있습니다. 이슬람 경전인 『꾸란』에서는 "목숨에는 목숨, 눈에는 눈, 코에는 코, 귀에는 귀, 이에는 이, 그리고 이와 똑같은 부상"으로 규정짓고 있습니다. 그런데 이 이슬람의 처벌법은 구약성서의 규정을 그대로 따르고 있습니다. 「출애굽기」에서는 "눈에는 눈, 이에는 이"로 보복하라고 규정짓고 있습니다.

> 그 여자가 다쳤으면, 가해자에게는, 목숨은 목숨으로, 눈은 눈으로, 이는 이로, 손은 손으로, 발은 발로, 화상은 화상으로, 상처는 상처로, 멍은 멍으로 갚아야 한다.
>
> If there is serious injury, you are to take life for life, eye for eye, tooth for tooth, hand for hand, foot for foot, burn for burn, wound for wound, bruise for bruise.

이렇게 "눈에는 눈, 이에는 이"로 똑같이 보복하는 처벌은 지금으로부터 3800년 전, 지금의 이라크 지역에 해당하는 바빌로니아 왕국에서 시작했습니다. 바빌로니아는 인류 최초의 문명인 메소포타미아 문명이 가장 화려하게 꽃을 피웠던 곳이지요. 그리고 바빌로니아 왕국이 지금까지도 사람들의 입에 자주 오르내리는 것은 돌로 만든 비석에 282조의 법조문을 새긴 아주 오래된 성문법이 존재했기 때문입니다. 사람들은 이 법전을 『함무라비 법전(Code of Hammurabi)』 또는 『바빌론 법전(Babylonian Law)』이라고 부릅니다. 바빌로니아 주변국을 정복하고 통치하기 시작한 함무라비 왕이 이 법전을 만들었기 때문입니다.

함무라비 법전은 불과 몇 십 년 전까지만 해도 이 세계에서 가장 오래된 법전으로 알려져 왔습니다. 그러나 1947년 함무라비 법전보다 80년 이상 앞선 『리피트-이시타르 법전』이 발견되면서 '가장 오래된 법전'이라는 타이틀을 뺏기고 말았습니다. 그러나 함무라비 법전은 그 내용이 아주 이론적이고 구체적이어서 여전히 세계에서 아주 중요하고 오래된 법전 중의 하나로 인정받고 있습니다.

고대 편 83

그런데 기원전 1780년에 만든 『함무라비 법전』에는 "눈에는 눈, 이에는 이"처럼 다른 사람에게 피해를 입힌 것과 똑같이 처벌하는 보복의 법칙이 기록되어 있습니다. 즉 눈을 잃었으면 상대방의 눈을 빼앗고, 이가 부러졌으면 상대방의 이를 똑같이 부러뜨리라는 것입니다. 이 처벌법은 '탈리오 법칙(lex talionis)'이라고도 합니다. 죄 지은 사람은 그 죄와 똑같은 처벌을 받고, 당한 사람은 당한 대로 갚아줄 수 있으니 어찌 보면 공평하다고 할 수도 있습니다.

그러나 멀쩡한 사람의 이를 뽑고 눈을 뽑는다면 잔인한 법이라고 아니할 수 없습니다. 지금 생각해 보면 가혹한 처벌처럼 보일지 모르지만 실제로는 그렇지도 않았습니다. 이 무렵에는 부상당한 것보다 훨씬 더 심한 처벌로 보복했기 때문입니다. 이렇게 동일하게 보복하도록 규정하여 가혹한 처벌을 막으려는 데 이 법의 목적이 있었던 것이지요.

로마시대에 이르러 "눈에는 눈, 이에는 이"로 처벌하는 규정을 없애고 벌금으로 대신하는 처벌 방법이 생겨나게 되었습니다. 예를 들어 누군가를 구타하면 그 부상 정도에 따라 벌금을 부가했습니다. 예외 없는 규칙이 없다고 물론 여기에도 예외가 있어 다른 사람의 팔다리를 부러뜨린 사람은 벌금으로 처벌을 대신할 수 없었습니다.

지금도 "눈에는 눈, 이에는 이"라고 하면 손해 입은 것

만큼 정확하게 갚아주는 것을 뜻합니다. 그러나 이 방법은 현대 사회에서는 그렇게 좋은 방법은 아닙니다. 여러 나라에서는 비록 남의 목숨을 앗아간 범인이라도 좀처럼 사형으로 처벌하지 않으려고 합니다. 사형은 또 다른 목숨을 앗아가는 것과 다르지 않기 때문입니다.

예수 그리스도는 일찍이 "'눈은 눈으로, 이는 이로 갚아라' 하고 말한 것을 너희는 들었다. 그러나 나는 너희에게 말한다. 악한 사람에게 맞서지 말아라. 누가 네 오른쪽 뺨을 치거든, 왼쪽 뺨마저 돌려 대어라. 너를 걸어 고소하여 네 속옷을 가지려는 사람에게는, 겉옷까지도 내주어라"고 가르칩니다. '인도의 성자'로 일컫는 모한다스 간디(Mohandas Gandhi)는 "만약 눈에는 눈으로 보복한다면 이 세상 사람이 모두 장님이 되고 말 것"이라고 말한 적이 있습니다. 미국에서 흑인 인권운동에 불을 지핀 마틴 루서 킹(Martin

Luther King, Jr.) 목사는 간디의 말을 조금 비틀어 "'눈에는 눈'이라는 옛 법은 모든 사람을 장님으로 만들어 버린다"고 말했습니다. 역시 간디처럼 비폭력 저항운동을 펼친 지도자다운 말이라고 아니할 수 없습니다.

The principle or law of retaliation means that a punishment inflicted should correspond in degree and kind to the offense of the wrongdoer.

13
사랑은 모든 것을 정복한다
Amor Vincit Omnia

이탈리아 화가 중에는 '미켈란젤로'라는 이름을 가진 화가가 두 사람 있었습니다. 한 사람은 우리가 흔히 '미켈란젤로'라고 일컫는 '미켈란젤로 디 로도비코 부오나로티 시모니(Michelangelo di Lodovico Buonarroti Simoni)'입니다. 르네상스 시대 이탈리아의 대표적인 화가요 조각가이며 건축가와 시인이기도 한 그는 유명한 명성만큼이나 그 이름도 길고 복잡합니다. 다른 '미켈란젤로'는 흔히 '미켈란젤로 메리시 다 카라바조(Michelangelo Merisi da Caravaggio)'로 그냥 '카라바조(Caravaggio)'로 일컫는 화가입니다. 그는 본명보다는 그가 태어난 마을 이름인 '카라바조'라는 이름으로 더욱 잘 알려져 있습니다.

미켈란젤로 부오나로티보다는 그렇게 잘 알려져 있지는

않지만 카라바조도 미술사에서는 그 나름대로, 아니 선배 화가 못지않게 중요한 인물로 평가받고 있습니다. 이탈리아에서 르네상스가 서산마루에 뉘엿뉘엿 걸려 있던 16세기 말엽 그는 바로크 양식을 창시했습니다. 카라바조를 기억하는 분들이라면 아마 〈사랑은 모든 것을 정복한다〉는 그림을 기억할 것입니다.

사랑을 상징하는 미소년 아모르가 검은 날개를 달고 벌거벗은 몸으로 장난스런 표정을 짓고 있는 그림입니다. 아모르는 그리스 신화에서는 에로스, 로마 신화에서는 큐피드로 일컫는 사랑의 신입니다. 아모르는 책상처럼 보이는 어떤 물건 위에 반쯤 올라타 있는 것 같기도 하고, 책상에서 미끄러져 내리는 것처럼 보이기도 합니다. 아모르의 발밑에는 바이올린이나 루트 같은 악기와 악보를 비롯하여 펜과 원고지, 수학 계산기, 갑옷과 무기, 월계수 잎사귀 등 인간 활동을 상징하는 온갖 물건들이 어지럽게 널려 있습니다. 또한 강렬한 빛과 어둠의 대비가 무엇보다도 눈에 띄는 작품입니다.

카라바조는 이 그림에서 사랑은 그 어떤 것보다도 상위의 가치가 있다는 사실을 웅변적으로 보여 줍니다. 다시 말해서 "사랑은 모든 것을 정복한다"고 힘주어 말하고 있습니다. 음악이나 문학 같은 예술보다도, 학문이나 과학보다

도, 그리고 남의 나라를 정복하는 무기나 전쟁보다도 더 낫다는 메시지를 전하고 있습니다.

그러나 카라바조가 이 그림의 제목으로 삼고 있는 "사랑은 모든 것을 정복한다"의 라틴어 "Amor Vincit Omnia"는 본디 로마시대의 시인 베르길리우스(Publius Vergilius Maro)가 그의 "전원시"에서 노래한 구절을 따온 것입니다.

사랑은 모든 것을 정복하나니
사랑에게 모든 것을 바치도록 하자.

Omnia vincit amor, et nos cedamus amori.
(Love conquers all ; let us all yield to love!)

베르길리우스는 사랑 앞에서는 모든 것이 무릎을 꿇기 때문에 사랑을 위해서라면 모든 것을 기꺼이 바쳐야 한다고 노래합니다. 이 구절은 서양에서 사랑의 복음으로 뭇 사람의 입에 오르내리고 있습니다. 흔히 '영국 문학의 아버지'로 일컫는 영국 시인 제프리 초서(Geoffrey Chaucer)는 『캔터베리 이야기』에서 성지로 순례를 떠나는 이야기를 다룹니다. 그런데 이 순례자 중에는 수녀원장도 들어 있습니다. 수녀원장이 목에 걸고 있는 목걸이에는 바로 "사랑은 모든 것을 정복한다"는 라틴어 구절이 새겨져 있습니다. 이처럼 서양 문화권에서는 이 구절은 무슨 부적처럼 소중하게 여겨 왔습니다. 동양 문화권에서 장롱이나 반닫이 또는 버선 같은 곳에 '만수무강(萬壽無疆)'이나 '부귀다남(富貴多男)'이니 하는 길상 문자를 새기거나 수놓는 것과 비슷하다고나 할까요?

Amor vincit omnia

한 소년이 탄 경비행기가 아프리카 정글에서 추락한 적이 있었습니다. 수색대는 며칠 동안 숲속을 뒤졌지만 안타깝게도 소년을 찾을 수가 없었습니다. 소년의 아버지는 전단지를 만들어 정글에 뿌리기로 결심했습니다. 그런데 전단에 써넣을 마땅한 문구가 떠오르지 않았습니다. 그때 인생 경험이 많은 나이 지긋한 한 노인이 충고를 해 주었습니다. "지금 당신의 아들이 가장 두려워하는 것은 아마 고독일 것입니다. 아들에게 부모의 사랑을 확인시켜 주면 큰 위로가 될 것입니다."

그래서 소년의 아버지는 전단지에 다음과 같은 글을 적었습니다. "내 아들아! 우리는 너를 정말로 사랑한단다" 하고 말입니다. 소년은 정글에서 아버지가 뿌린 전단지를 받아 보았습니다. 굶주림과 추위, 고독과 절망 가운데 거의 삶을 포기하고 있다시피 했지만 그 전단에 적힌 아버지의 글을 보는 순간 삶에 대한 의지가 다시 분수처럼 솟구쳤습니다. 그래서 마침내 소년은 며칠 뒤 수색대에 구출되었습니다. 이렇게 사랑은 절망을 극복하고 희망을 되찾게 해주는 영약(靈藥) 중에서도 영약입니다.

영어 'love'라는 말의 뿌리를 캐어 들어가다 보면 히브리어 'lev'라는 말을 만나게 됩니다. 그런데 이 히브리어는 다름 아닌 인간의 심장을 뜻합니다. 신체 기관 중에서 심장이 가장 핵심적인 기관이듯이 사랑도 인간의 삶에서 가장 핵심적인 요소입니다. 그러고 보니 누군가를 진정으로 사랑하게 되면 가장 먼저 심장이 두근거리는 현상도 어찌 보면 지극히 당연한 것이라고 할 수 있습니다.

문학가들이나 예술가들도 마찬가지입니다. 흔히 '러시아의 양심'으로 일컫는 레프 톨스토이(Lev Nikloaevich Tolstoi)는 말년에 이르러 거의 작품을 쓰지 못했습니다. 누군가가 그에게 왜 작품을 쓰지 않느냐고 묻자, 톨스토이는 "이제 나는 아무도 사랑할 수 없기 때문이지요"하고 대답했다고 합니다. 이렇게 작가들이나 예술가들에게 사랑은 작품을 창작하는 원동력입니다. 누군가를 사랑할 수 있는 열정이 고갈되면 예술을 창조할 수 있는 상상력도 고갈되고 맙니다.

Love conquers everything ; there is nothing that cannot be solved through love.

14
모든 길은 로마로 통한다

All roads leads to Rome

프랑스의 수도 파리를 '빛의 도시(City of Light)'라고 하듯이 이탈리아의 수도 로마는 흔히 '영원한 도시(Eternal City)'라고 부릅니다. 이 도시는 쇠퇴할 날이 없이 영원히 번영한다는 뜻입니다. 그래서 그런지는 몰라도 로마와 관련한 격언이나 표현이 무척 많습니다. 그 중에서도 "모든 길은 로마로 통한다", "로마는 하루아침에 이루어지지 않았다(Rome was not built in a day)" 또 "로마에 가면 로마인들의 풍습에 따르라(When in Rome, do as Romans do)"는 격언은 뭇 사람의 입에 자주 오르내립니다.

기원전 1세기경 율리우스 카이사르(Gaius Iulius Caesar)가 로마제정을 창설하고 아우구스투스(Augustus)가 초대 황제에 오를 무렵이 되면 로마는 지중해 세계를 지배하는 강대

국으로 발돋움합니다. 지중해를 마치 앞마당처럼 삼을 정도여서 이 바다를 '내해(內海)', 즉 '우리 바다'라고 불렀습니다. 실제로 로마제국이 한창 번성할 때는 지중해 연안뿐만 아니라 유럽 땅을 거의 대부분 차지하고 있었습니다. 서쪽으로는 섬나라 영국에서, 동쪽으로는 실크로드까지 장악했습니다.

그런데 로마제국이 이렇게 유럽의 넓은 영토를 정복하여 속국으로 만든 데 견인차 역할을 한 것이 바로 도로망입니다. 로마인들은 로마에서 시작하여 제국의 영토에 이르는 곳곳에 도로를 건설했습니다. 그리하여 도로가 마치 혈관의 실핏줄처럼 사방팔방으로 뻗어나갔습니다. 이 무렵 글자 그대로 로마는 사통팔달(四通八達)했던 것입니다.

『로마인 이야기』(1992~2006)를 쓴 시오노 나나미(塩野七生)도 지적하듯이 이렇게 대대적으로 토목 공사를 하면서도 고대 로마는 중국과는 적잖이 달랐습니다. 중국에서는 만리장성 같은 방벽을 쌓은 반면, 로마에서는 도로를 건설했습니다. 방벽은 사람의 왕래를 차단하지만 도로는 사람의 왕래를 촉진합니다. 한쪽은 수직적으로 장벽을 쌓아 외적의 침략을 막으려고 했고, 다른 쪽은 수평적으로 도로망을 구축하여 영토를 넓혀가려고 했습니다. 소극적으로 적을 수비한 중국과는 달리 로마는 적극적으로 남의 나라를 공격한 것이지요. 요즈음 말로 하면 로마는 '인프라(인프라스트럭처)', 즉 기반시설을 제대로 구축한 셈입니다. 이러한 태도로 나라의 운명이 바뀌었습니다. 로마는 유럽 전역을 정복하다시피 했고, 중국은 거북 등처럼 사분오열 갈라지게 되었습니다. 지금까지도 유럽의 여러 지역에는 로마인들이 건설한 도로의 흔적을 쉽게 찾아볼 수 있습니다.

그런데 이러한 도로가 여간 튼튼하지 않았습니다. 먼저 땅을 판 뒤 자갈을 채워 넣고 그 위에 넓은 판자 같은 돌을 덮었습니다. 오늘날의 포장도로와 비슷했습니다. 길 옆에는 배수로까지 만들어 놓을 정도로 그야말로 완벽한 도로였습니다. 로마인들이 건설한 이러한 도로를 '로마식 도로'라고 부릅니다. 이 로마식 도로는 이탈리아 반도 전체를 동서남북으로 관통하는 것은 말할 것도 없고 그리스와도 닿게 되었습니다. 율리우스 카이사르 시절에 이미 오늘날의 프랑스와 독일 지역인 갈리아 지방에 대한 지배권을 확립하고 난 뒤 로마식 도로는 중유럽과 북유럽 그리고 더 나아가 오늘날의 스페인에 해당하는 히스파니아까지 뻗어나

가게 되었습니다. 다시 말해서 유럽의 거의 대부분에 로마식 도로가 깔린 셈입니다. 이 도로들이 하나같이 로마제국의 심장과 연결되어 있었던 것은 두말할 나위가 없습니다. 그래서 생겨난 표현이 "모든 길은 로마로 통한다"는 말입니다.

로마인들은 도로망과 함께 수로(水路)와 수도(水道)라는 또 다른 사회 기반시설을 구축했습니다. 이 기반시설을 구축하는 데 견인차 역할을 한 군인이요 정치가인 섹투스 프론티누스(Sextus Julius Frontinus)는 그 자신이 토목기사였던 만큼 기술자만이 할 수 있는 말을 남겼습니다. "이집트의 피라미드와 그리스의 신전은 장엄하고 멋지지만 아무런 쓸모가 없다. 하지만 내가 만드는 것은 사람들에게 도움이 된다"고 말입니다. 무엇보다도 실용성을 중시하는 로마인다운 말이라고 할 수 있습니다.

"모든 길은 로마로 통한다"는 격언을 맨 처음 사용한 사람은 흔히 14세기 영국 시인 제프리 초서(Geoffrey Chaucer)로 알려져 있습니다. 영국도 한때 로마제국의 속국으로 제국에 은과 양모를 공급해 주었습니다. 섬나라로 유럽 대륙과는 떨어져 있기는 하지만 로마로 통하는 길은 육로뿐만 아니라 해상을 통한 길도 있었습니다. 그러나 모르긴 몰라도 이 말은 아마 로마인들이 먼저 사용했을 것이고, 점차 널리

퍼져나가 초서의 귀에까지 들어갔을 것입니다. 초서는 시인이 되기 전 이탈리아와 프랑스에서 외교관 생활을 했기 때문에 어쩌면 유럽 대륙에 머물 때 그 말을 들었을 가능성도 아주 큽니다.

실제로 12세기에 활약한 프랑스의 신학자요 시인인 알랭 드 릴(Alain de Lille)이 라틴어로 쓴 『속담집』(1175)에서 이와 비슷한 말을 한 적이 있습니다.

천 갈래 길이 사람들을 영원히 로마로 인도한다.

Viae ducunt homines per saecula Romam.
(A thousand roads lead men forever to Rome.)

"모든 길은 로마로 통한다"는 말은 이제 같은 목적지에 도달하거나 같은 목표를 달성하는 데는 한 가지가 아닌 여러 방법이 있다는 뜻으로 흔히 씁니다. "모로 가도 서울만 가면 된다"는 우리 속담과 비슷한 데가 있습니다. 또 개혁개방(改革開放)의 실용주의 노선으로 중국을 오늘날의 수준으로 발전시키는 데 이론적 동력을 마련해 준 덩샤오핑(鄧小平)은 '흑묘백묘(黑猫白猫)'라는 이론을 전개했습니다. 검은 고양이든 흰 고양이든 쥐만 잘 잡으면 된다는 논리입니다. 즉 어떤 방법으로든 중국을 발전시키면 되지 자본주의이든 사회주의이든 그것은 크게 문제가 되지 않는다는 뜻입니다. 이 또한 "모든 길은 로마로 통한다"는 말과 통하는 데가 있습니다.

Different paths can take one to the same goal.

15
프로크루스테스의 침대

Procrustean Bed

그리스 신화에 등장하는 여러 인물 중에 테세우스(Theseus)라는 영웅이 있습니다. 아테네의 왕인 아버지를 찾아가는 테세우스에게 그의 할아버지는 배를 타고 편안하게 바닷길로 가라고 말해 주지만 그는 굳이 험난한 육로를 택했습니다. 사람들을 괴롭히는 악당이나 괴한들을 물리쳐 아버지의 나라를 평화롭게 하기 위해서였습니다. 테세우스가 아버지를 찾아 아테네로 가는 노중에 괴한 여섯 명을 만납니다. 쇠몽둥이로 사람을 때려죽이는 괴한, 소나무를 써서 사람을 죽이는 괴한, 멧돼지를 이용해 사람을 죽이는 괴한, 나그네를 벼랑 아래로 던져서 바다거북에게 잡아먹히게 하는 괴한, 목 졸라 죽이는 괴한들이었습니다. 테세우스는 차례차례로 그들을 모두 무찌르고 마지막으로 여섯 번째 괴한과 맞섭니다.

이 여섯 번째 괴한이 바로 다마스테스(Damastes)라는 괴한이었습니다. 사람들은 그를 프로크루스테스(Procrustes)라는 별명으로도 불렀습니다. 이 별명은 망치로 쇠를 두들겨 판판하게 펴는 사람이라는 뜻입니다. 실제로 다마스테스는 직업이 대장장이였지만 부업으로 강도짓을 했습니다. 아테네 교외의 케피소스 강가 언덕에 집을 짓고 살면서 여관업을 하면서 강도질을 하고 있었지요.

프로크루스테스는 길목에 서서 지나가는 나그네를 붙잡아 자기 여관에 데리고 갔습니다. 그런데 그가 여관을 경영하는 방식이 여간 고약하지 않았습니다. 여관방에는 쇠로 만든 침대가 하나 놓여 있었습니다. 손님을 자신의 침대에 누이고는 행인의 키가 침대보다 크면 그만큼 잘라내고, 행인의 키가 침대보다 작으면 억지로 침대 길이에 맞추어 늘려서 죽였습니다. 그는 몰래 또 다른 침대를 숨겨 두고 있기 때문에 어느 누구도 침대에 키가 딱 들어맞는 사람은 없었던 것입니다. 시쳇말로 발 사이즈에 맞게 군화를 고르는 것이 아니라 발을 군화 사이즈에 맞추는 격이었지요. 이 악명 높은 프로크루스테스는 마침내 아테네의 영웅 테세우스를 만나 자신이 저지르던 악행과 똑같은 수법으로 죽임을 당하고 맙니다.

고대 그리스 시대의 철학자요 정치가이며 작가인 루시우스 플루타르코스(Lucius Plutarchus)는 『영웅전』에서 테세우스의 용맹에 대해 이렇게 기록하고 있습니다.

> 그는 프로크루스테스라고 별명을 가진 다마스테스의 몸을 침대에 억지로 꼭 맞게 맞춤으로써 죽였다. 다마스테스가 다른 나그네들을 그렇게 죽인 것처럼 말이다.
>
> He killed Damastes, surnamed Procrustes, by compelling him to make his own body fit his bed, as he had been wont to do with those of strangers.

"프로크루스테스의 침대"라는 말은 지나치게 융통성이 없거나 자신이 세운 일방적인 기준에 맞게 다른 사람들의 생각이나 행동을 억지로 맞추려는 아집과 편견을 빗대어 말할 때 자주 씁니다. 자신의 생각에 맞추어 남의 생각을 뜯어 고치려는 행위, 남에게 해를 끼치면서까지 자신의 주장을 끝까지 굽히지 않으려는 횡포를 가리킵니다. 동양에서도 장주(莊周)는 『장자(莊子)』의 「제물론(齊物論)」에서 '오리 다리가 짧다고 늘여빼지 말거라. 오리가 죽을 수도 있다. 학의 다리가 길다고 자르지 말거라. 학이 죽을 수도 있다(鳧脛雖短 續之則憂 鶴脛雖長 斷之則悲)'고 가르쳤습니다. 오리 다리가 짧은 데는 그럴 만한 까닭이 있듯이, 학이 다리가 긴 데도 그럴 이유가 있기 때문입니다.

최근 이 표현은 문학 비평에서도 심심치 않게 사용합니다. 미국의 탐정소설 작가 에드거 앨런 포(Edgar Allan Poe)는 『도둑맞은 편지』에서도 이 고사성어나 관용구를 사용한 적이 있습니다. 사설탐정 뒤팽은 파리의 경찰관이 융통성이 없이 단서를 찾는 행위를 '프로크루스테스의 침대'에 빗댑니다. 시(詩)에서도 정상적인 규칙을 어기면서까지 억지로 만들어낸 각운을 '프로크루스테스 각운(Procrustean rhyme)'이라고 합니다. 문학 작품을 분석하면서 지나치게 도식적으로 해석하려는 태도도 그렇게 부릅니다. 가령 어떤 비평가는 마르크스주의의 수렁에 빠져 좀처럼 헤쳐 나오지 못하는가 하면, 또 어떤 비평가는 형식주의의 좁은 틀에 갇혀 옴짝달싹도 하지 못합니다.

이번에는 "프로크루스테스 침대"를 사회 현상이나 정치 행태에 대입시켜 볼 수도 있습니다. 지극히 제한적인 개인

의 편견이나 공식에 모든 사회 현상과 정치 현실을 억지로 밀어 넣으려는 태도가 바로 그것입니다. 가령 게르만 민족이 유태 민족보다 우월하다고 잘못 판단하여 유태인을 대량으로 학살한 독일의 아돌프 히틀러(Adolf Hitler)와 블라디미르 레닌(Vladimir Lenin)이 붙여 준 '강철 인간'이라는 이름에 걸맞게 피의 숙청을 단행한 소비에트의 스탈린(Joseph Vissarionovich Stalin)도 하나같이 프로크루스테스와 비슷한 인물들이었습니다. 또 군국주의의 깃발을 내걸고 진주만의 미국 함대 기지를 기습 공격하여 태평양전쟁을 일으킨 일본의 도조 히데키(東條英機)도 마찬가지입니다. 지나치게 반공 이데올로기에 빠져 정치 현실을 균형 있게 바라보지 못한 독재들도 이와 크게 다르지 않습니다. 그러나 그들보다 더 힘이 센 테세우스 같은 인물이 나타날 때까지 많은 사람은 고통 받으며 신음할 수밖에 없습니다.

굳이 거창하게 정치가들을 들먹일 필요도 없습니다. 아이들을 둔 부모도 어떤 때는 프로크루스테스와 닮을 때가 가끔 있습니다. 혹시 사랑이나 교육이라는 이름으로 아이들의 다리를 잘라 내거나 길게 늘어뜨리고 있지는 않습니까? 아이들이 어쩌다 놀이터에 가도 함께 놀 아이들이 없는 것이 우리 교육의 현실입니다. 아이들의 개성을 무시한 채 바둑판 모양의 정사각형 속에 깎고 자르고 다듬어서 밀어 넣는 교육 현실이 안타깝기만 합니다.

Procrustean Bed refers to any attempt to reduce men to one standard, one way of thinking, or one way of acting.

16
패각추방
Ostrakismos (Ostracism)

요즈음 들어 학생들 사이에서 '집단 따돌림'이라는 말이 유행하고 있고 매스컴에서도 심심치 않게 볼 수 있습니다. 일본어로는 '이지메'라고 하고 영어로는 'bullying'이라고 합니다. 만약 힘이 약한 상대를 괴롭혀 자살까지 몰고 갔다면 'bullying'과 'suicide'를 합쳐 'bullycide'라고 부릅니다. 사회 심리학에서는 어떤 집단 사이에 존재하는 기준에서 벗어나는 구성원을 벌주기 위한 의도적 행동이나 따돌리는 집단의 압력에 동조하여 같이 괴롭히는 행동을 '집단 따돌림'이라고 일컫습니다.

우리나라에서 '집단 따돌림'이나 '집단 괴롭힘'을 '모서리주기'라고도 부르지만 속되게는 '왕따'라고 표현합니다. '왕따'란 '왕(王)따돌림'의 준말로 1990년대 말 중학교와 고등학교 폭력과 관련하여 언론에서 크게 보도하면서 처음으로 쓰였으며 그 뒤 대중적인 용어로 정착되었습니다. 2003년 청소년 보호위원회에서 조사한 통계 자료에 따르면 초등학생의 11퍼센트, 중학생의 6퍼센트, 그리고 고등학생의 3퍼센트 정도가 이 집단 따돌림을 경험했다고 합니다. 집단 따돌림은 주로 학생들 사이에서 일어나는 현상이지만 어른들 사이에서도 가끔 일어납니다. 사회 조직이라면 어느 곳에서나 일어날 수 있는 보편적인 현상입니다.

집단 따돌림의 종류도 무척 다양하여 '왕따'는 누구에게나 당하는 따돌림을 가리키는 가장 기본적인 용어입니다. '은따'는 은근히 따돌림을 당하는 것이고, '전따'는 전교에서 따돌림을 당하는 것이며, '반따'는 반(班) 안에서 따돌림을 당하는 것을 말합니다. '대따'란 드러내 놓고 따돌림을 당하는 것, '뚱따'란 몸이 뚱뚱해서 따돌림을 당하는 것, '찐따'란 한국전쟁 때 지뢰를 밟아 다리가 잘린 사람을 지칭하다가 지금은 어딘지 모르게 어수룩한 사람을 일컫습니다. '찌질이 왕따'를 속되게 이른 말이 바로 '찐따'입니다.

주로 어린 학생들 사이에서 흔히 '왕따'를 줄여서 '따' 또는 '따를 당하다'라고도 불립니다. 어른들 사이나 다른 사회 조직에서도 발생하는 경우가 있으며 피해 당사자는

심리적으로 괴로움을 당하며 심하면 육체적으로도 피해를 입습니다. 극단적인 경우에는 자살의 원인이 되기도 합니다.

그런데 집단 따돌림과 비슷한 현상은 아주 오래전 고대 그리스 시대 아테네에서 이미 그 역사를 찾아볼 수 있습니다. 기원 전 850년경 아테네의 정치가 클레이스테네스(Kleistenes)가 창시한 패각투표(貝殼投票) 또는 도편투표(陶片投票)가 바로 그것입니다. 그리스어로는 'ostrakismos', 영어로는 'ostracism'이라고 하는데 'ostracon'이란 조개나 굴을 뜻하는 'oyster'와 어원이 같습니다. 글자 그대로 사람들이 저마다 조개껍질이나 사금파리에 아테네에서 추방하고 싶은 사람의 이름을 적어 공회당에 설치해 놓은 상자에 던져 넣는 투표 방법입니다. 오늘날처럼 종이를 사용하지 않고 굳이 조개껍질이나 사금파리를 사용한 것은 이 무렵에는 종이가 이집트에서 수입하여 쓸 정도로 무척 귀했기 때문이었습니다. 투표가 끝나면 장로들이 그것을 한데 모아 그 수를 헤아려 투표자가 6천 명 미만이면 그 투표는 무효로 처리해 버립니다. 그러나 투표자 수가 6천 명이 넘으면 거기에 적힌 이름을 각각 분류하여 표가 가장 많이 나온 사람을 10년 동안 아테네에서 추방하고 그의 재산은 국가에서 자유롭게 사용합니다.

패각투표나 도편투표로 쫓겨난 아테네 시민 중에서도 아리스티데스(Aristides)라는 사람은 아주 흥미롭습니다. 이 무렵 그리스는 페르시아 전쟁에서 승리를 거둔 뒤 승리감에 한껏 도취되어 있었습니다. 그러나 그는 페르시아가 다시 그리스를 침략할 수 있다고 생각하여 그리스를 더욱 굳건하게 지키려고 온갖 노력을 아끼지 않았습니다. 이 무렵 그는 '정의로운 사람'이라는 별명을 얻을 만큼 뭇 사람들한테서 존경을 받았습니다. 그런데 테미스토클레스(Themistocles)가 민중에게 아리스티데스는 모든 소송 사건을 사사로이 심리하고 판결하여 재판의 공정성을 해치고 있으며, 호위병이 없을 뿐 실제로는 남모르게 독재를 휘두르고 있다고 소문을 퍼뜨렸습니다. 또한 민중은 민중대로 승전국의 국민으로 점차 교만한 마음이 생겨 자기들보다 높은 지위와 명예를 누리고 있는 사람들에게 적잖이 반감을 느끼고 있었습니다. 그래서 그리스 민중들은 각지에서 시내로

모여들어 아리스티데스가 왕이 되려고 한다는 구실로 패각투표를 실시하여 마침내 그를 추방해 버렸습니다.

루시우스 플루타르코스(Lucius Plutarchus)가 『영웅전』에서 기록한 내용에 따르면 아리스티데스와 관련하여 이러한 일화가 전해 내려옵니다. 아리스티데스를 패각투표로 추방할 무렵 글을 읽을 줄도 쓸 줄도 모르는 한 무식한 시민이 그에게 조개껍질을 내밀면서 아리스티데스의 이름을 써 달라고 부탁했습니다. 아리스티데스는 짐짓 놀라는 표정을 지으며 혹 그 사람이 그에게 무슨 피해라도 입혔느냐고 물었지요. 그러자 그 사람은 정색을 하며 이렇게 말하는 것입니다.

아닙니다. 사실은, 나는 아리스티데스가 누구인지도 모릅니다. 다만 모든 사람이 그 사람을 두고 '정의로운 사람'이라고 떠드는 것이 짜증이 나서 그러지요.

No. In fact, I don't even know who Aristides is, but I'm tired of hearing everyone call him 'The Just'.

이 말을 들은 아리스티데스는 아무 말 없이 조개껍질에 자신의 이름을 적어 주었다고 합니다. 이유야 어찌 되었든 사람들이 자신이 싫다고 하면 아테네를 떠날 수밖에 없다고 판단했기 때문이었지요. 플루타르코스는 아리스티데스가 아테네를 떠나면서 신들에게 큰 소리로 아테네 시민들에게 자신을 기억할 만한 일이 일어나지 않도록 해 달라고 기도했다고 적고 있습니다.

 패각투표란 겉으로는 민주적으로 권력 남용을 막는 방법처럼 보일지 모르지만 실제로는 미움 받는 사람을 정의라는 그럴듯한 구실로 추방해 버리는 행위와 크게 다름없었습니다. 다시 말해서 범죄를 벌하기 위한 것이라기보다는 오히려 개인의 권력이나 명망이 너무 커지는 것을 눌러서 기를 꺾어놓는 일에 가까웠습니다. 밉거나 마음에 들지 않는 사람을 사형에 이르게 하지 않고 10년 동안 다른 지방에 나가 살게 하는 편리한 방법이었던 것입니다. 추방당할 사람이 어떤 잘못을 저질렀는지 일러주지도 않고, 또 그에게 변명할 기회도 주지 않았습니다. 그러므로 오늘날의 관점에서 보면 공정한 소송 절차라고는 할 수 없습니다.
 어떤 제도가 아무리 훌륭하다고 해도 그것을 어떻게 운

영하느냐에 따라 그 성패가 달려 있습니다. 이 패각추방 제도도 마찬가지였습니다. 본디 이 제도는 고대 그리스의 도시국가에서 민주 정치를 유지하고 독재자의 출현을 막기 위한 제도로 그 취지는 아주 훌륭했지만 그 부작용이나 폐해도 만만치 않았습니다. 이 패각추방 제도 덕분에 아테네 시민들은 한편으로는 민주 정치를 수호할 수 있었지만, 다른 한편으로는 엉뚱하게 죄 없는 사람을 추방시키는 결과를 낳았습니다.

요즈음에도 "패각추방"이라고 하면 마음에 들지 않는 사람을 따돌려 집단에서 제외시키는 것을 말합니다. 패각추방은 어떤 의미에서는 오늘날 학교나 회사 같은 조직사회에서 일어나는 집단 따돌림과 크게 다르지 않습니다. 비록 조개껍질이나 사금파리 조각에 이름을 적어 직접 추방시키지는 않지만 그보다 더 크게 상처를 줄 수 있습니다. 피해 당사자는 심리적으로 괴로움을 당할 뿐만 아니라 심하면 육체적으로도 피해를 입습니다.

Ostracism generally refers to informal modes of exclusion from a group through shunning.

중세와 르네상스 편

열려라 참깨!
장갑을 던지다
마녀 사냥
그래도 지구는 도는걸!
약한 자여, 그대의 이름은 여자로다!
반짝인다고 하여 모두 금은 아니다
원탁의 기사
죽음을 기억하라
산이 오지 않는다면 내가 갈 수밖에
만약 클레오파트라의 코가 조그만 낮았더라면
모나리자의 미소
카노사의 굴욕
과인은 영국과 결혼했노라
콜롬보의 달걀
나 이 자리에 서 있나이다
유토피아
파뉘르주의 양떼

17

열려라 참깨

Open Sesame!

정보화 시대에 살면서 편리해진 일이 한두 가지가 아니지만 귀찮은 일도 적지 않습니다. 가장 귀찮은 일 중의 하나가 바로 웹사이트나 포털사이트의 암호나 패스워드를 기억하는 일입니다. 모든 포털사이트마다 문지기가 딱 버티고 서서 암호나 패스워드를 보여 달라고 요구합니다. 암호나 패스워드를 하나로 통일하여 사용하자니 보안에 문제가 있다고 하고, 인터넷마다 서로 다른 것을 사용하자니 하나하나 외우기가 여간 어렵지 않습니다. 어떤 경우에는 암호나 패스워드를 만들기 싫어서 아예 포털사이트에 들어가는 것을 포기할 때도 있습니다.

포털사이트의 암호나 패스워드에 해당하는 것이 다름 아닌 "열려라 참깨!"입니다. "열려라 참깨!"는 「알리바바와 마흔 명의 도적」이라는 작품에 나오는 암호와 주문(呪文)입니다. 이 이야기는 흔히 '천일야화(千一夜話)'로 더욱 잘 알려져 있는 『아라비안나이트』에 실려 있습니다. 아랍어로 쓴 이 책은 가히 설화 문학의 꽃이라고 할 수 있습니다.

마흔 명이나 되는 도적은 훔친 보물을 바위 동굴 속에 감추어 둡니다. 그 바위 문을 열 때 사용하는 암호가 바로 "열려라 참깨!"입니다. 가난한 나무꾼 알리바바가 산에 나무를 하러 갔다가 우연히 도적 일당이 바위 동굴 속의 보물 창고를 열고 그곳에 보물을 숨겨두는 모습을 보게 됩니다. 암호를 듣게 된 그는 도적들이 자리를 비우자 동굴에 들어가 보물의 일부를 집으로 가져옵니다. 그의 형 카심이 그 비밀을 알고 동굴에 들어가지만 주문을 잊어버리는 바람에 밖으로 나오지 못하고 그만 도적들에게 살해됩니다. 도적들은 알리바바까지 죽이려고 하지만 카심의 여종인 어질고 착한 마르자나의 슬기와 지혜로 그들을 퇴치할 수 있게 되지요.

그런데 도적 두목은 이 암호를 어떤 기계에 손가락으로 입력하는 것이 아닙니다. 말로 주문만 외면 신기하게도 육중한 바위 문이 저절로 열립니다. 즉 "열려라 참깨!" 하면 문이 열리고, "닫혀라 참깨!" 하면 문이 저절로 닫히는 것입니다. 요즈음 말로 하면 이 바위 문에는 음성인식 기능

장치가 부착되어 있다고 할 수 있습니다. 이렇게 오래 전에 음성인식 기능 장치를 벌써 상상할 수 있었다는 것이 여간 놀랍지 않습니다.

'알리바바'라는 이름에서 알리(Ali)는 '알리의 아버지'라는 뜻입니다. 중동지방에는 '알리'라는 이름을 가진 사람이 무척 많습니다. 우리나라의 김 씨나 이 씨 또는 박 씨처럼 아주 흔한 이름입니다. 세계적으로 유명한 미국의 헤비급 권투 선수 캐시어스 클레이(Cassius Clay)도 이슬람 운동에 가담하면서 백인 노예주 이름을 따서 붙인 본래 이름을 버리고 '무하마드 알리(Muhammad Ali)'라는 이름으로 바꾸었습니다. 상대 선수를 "나비처럼 날아가 벌처럼 쏘아주겠다"고 호언하던 바로 그 권투선수 말입니다.

그런데 '알리바바와 마흔 명의 도적'에서 도적 두목이 사용하던 암호나 주문이 왜 하필이면 "열려라 참깨!"였을까요? 요즈음 참깨는 우리나라를 비롯한 동양에서 많이 사용하고 있지만 본디 참깨의 원산지는 아시아가 아니라 아프리카 북부의 이집트 지역이었습니다. 이집트와 지리적으로 가까운 중동지방에서는 일찍부터 참깨를 많이 사용하여 음식을 만들었습니다. 참깨는 음식 맛에 많은 변화를 주며, 더운 중동지방의 날씨에도 좀처럼 썩지도 않으니 주술적인 의미를 부여하기에 아주 썩 잘 어울리는 음식이었습니다. 그래서 참깨를 암호나 주문에 사용했다는 것이 이슬람 문화를 연구하는 학자들의 견해입니다. 우리나라에서 음식에 맛을 내고 또 부패하지 않게 하는 소금에 귀신을 쫓는 주술적인 의미를 부여하는 것과 같은 맥락에서 이해할 수 있습니다.

그렇다면 도적의 수가 서른 명도 아니고 쉰 명도 아니고 왜 하필이면 마흔 명이었을까요? 40이라는 숫자를 사용한 것으로 보아 『아라비안나이트』가 아마 기독교의 영향을 받았을 것이라고 주장하는 학자도 있습니다. 성경에서 '40'이라는 숫자가 자주 나옵니다. 예를 들어 이집트를 탈출한 사람들이 광야에서 40년 동안 방랑했습니다. 이로부터 '40'이라는 수는 고행이나 시련 기간을 뜻하게 되었습니다. 「창세기」에는 "땅에 40일 동안 홍수가 계속되었다"고 했고, 모세는 시나이 산에서 밤낮으로 40일 동안 지냈습니다. 요나는 "이제 40일이 지나면 니네베는 무너진다!"고 외치며 주위 사람들에게 단식을 호소했습니다. 신약시대

에 넘어와서도 사정은 크게 다르지 않아서 예수 그리스도는 공생활을 하기 전 광야에서 40일 동안 단식했습니다.

오늘날 "열려라 참깨!"라는 암호나 주문은 어떤 목적을 달성하는 데 사용하는 단순하면서도 믿을 만한 방법을 가리키는 용어로 자주 씁니다. 또 제한 구역에 출입하는 데 필요한 암호나 패스워드를 뜻하기도 합니다. 19세기 미국에서 여성운동에 처음 불을 지핀 엘리자베스 스탠턴(Elizabeth Stanton)은 사랑에 대하여 이렇게 말한 적이 있습니다.

사랑은 인간의 행복과 불행의 부적, 모든 영혼에 도달할 수 있는 암호이다.

Love is the talisman of human weal and woe, the open sesame to every soul.

그런가 하면 최근 "열려라 참깨!"는 애플컴퓨터의 운영 체계인 'Mac OS X'에서 숨겨져 있는 디렉터리들에 쉽게 접근할 수 있게 해주는 아주 간단한 위짓(widget)이기도 합니다. "열려라 참깨!" 위짓을 마우스로 디렉터리들의 목록 중에서 원하는 디렉터리를 선택하면 해당 디렉터리가 '파인더'에서 간단하게 열리게 됩니다.

Open Sesame refers to a free or unrestricted means of admission or access or to a simple, trusty means of attaining a goal.

18
장갑을 던지다

Throw down the gauntlet

영국이나 일본 같은 섬나라에서는 다른 나라와는 달리 자동차들이 왼쪽으로 통행을 합니다. 그래서 우측통행에 익숙한 사람들은 그 나라에서 운전하기가 무척 어렵다고 합니다. 이러한 좌측통행 습관은 영국에서 기사(騎士)가 영향력을 행사하고 있었다는 사실과 관계가 있습니다. 중세기에 영국에서는 말 탄 기사들이 좌측통행을 했습니다. 기사들이 왼쪽 허리에 칼을 매면 칼끝은 왼쪽으로 나오게 마련입니다. 기사 두 사람이 서로 마주칠 때 만약 우측통행을 한다면 칼끝과 칼끝이 부딪쳐 충돌이 발생할 수도 있을 것입니다. 영국의 좌측통행 질서는 이를 피하기 위해 생겨났습니다. 이것이 전통이 되어 지금도 자동차가 좌측통행을 합니다. 영국의 문화에서 영향을 받은 일본을 비롯하여 영국 식민지 지배를 받은 오스트레일리아, 뉴질랜드, 말레이시아, 싱가포르 등지에서도 우측통행보다는 좌측통행을 합니다.

중세기에 기사들은 명예를 마치 목숨처럼 소중하게 생각했고, 명예를 지키는 방법 중의 하나가 결투였습니다. 기사들이나 귀족들 사이에서 불화가 생기거나 상대방이 자신의 명예심을 더럽혔다고 생각하면 결투를 신청하기 일쑤였습니다. 이때 도전자는 증인으로 뽑힌 사람 앞에서 상대방에게 장갑을 던졌습니다. 이렇게 도전을 받은 상대자가 도전에 응할 때는 땅에 던진 장갑을 집어 들었습니다. 결투는 이렇게 시작되고 이 결투에서 승리한 사람은 정당하다는 인정을 받으면서 명예를 지키게 되었습니다.

그래서 생겨난 표현이 "장갑을 던지다(throw down the gauntlet)"입니다. 물론 여기에서 장갑이란 오늘날 흔히 사용하는 것 같은 그러한 장갑이 아니라 중세 기사들이 사용

하던 목이 긴 장갑이었습니다. 좀 더 정확히 말하면 이 긴 장갑은 갑옷의 일부였습니다. 그러니까 기사는 손과 팔뚝 일부에 끼고 있던 장갑 한 짝을 벗어 땅바닥에 집어던짐으로써 상대방에게 결투에 도전할 것을 알렸던 것이지요. 한편 "장갑을 집어 들다(pick up the gauntlet)"라고 하면 곧 상대방의 도전에 응하고 결투 신청을 받아들인다는 뜻이었습니다.

이렇게 장갑을 땅에 던져 도전하는 것은 비단 한 개인한 테만 그치지 않았습니다. 만약 나라와 나라 사이에 불화가 생기면 군사(軍事)를 책임 맡고 있는 관리가 국왕의 장갑을 상대 국가에 가지고 가서 그 나라 국왕 앞에 집어던졌습니다. 그 행위는 곧 선전포고를 하는 것과 마찬가지였습니다.

'장갑을 던지다'는 표현은 이제 결투나 싸움은 말할 것도 없고 토론이나 경쟁에 도전한다는 비유적 의미로 자주 쓰입니다. 흔히 '봅 겔도프'로 일컫는 로버트 프리드릭 겔도프(Robert Frederick Geldof)는 아일랜드 태생의 가수요 작사가요 저술가요 때로는 배우와 정치 활동가로 활약하는 사람입니다. 미국의 조지 부시(George Bush) 대통령이 무역 관세를 제안하자 이렇게 말한 적이 있습니다.

그 사람은 진짜로 도전장을 던지고 있다는 생각이 든다.

아주 대담한 행동 …… 희망이 없다는 절망감에서 비롯하는 행동이다.

I think he's really throwing down the gauntlet. It's a very bold move …… comes from despair and lack of hope.

겔도프가 마지막에서 절망을 언급하는 것은 부시가 "테러리즘은 희망이 없다는 절망감에서 비롯한다"고 말한 대목을 염두에 두고 한 말입니다. 말하자면 겔도프는 상대방이 한 말을 빌려 상대방을 공격하는 방법을 사용하고 있습니다.

한편 서양에서 "손수건을 던진다(drop the handkerchief)"는 말은 '장갑을 던지는 것'과는 정반대로 사랑을 고백하는 방법으로 쓰이기도 했습니다. 어느 여성이 자기 마음에 드는 신사가 있으면 그의 발치에 슬그머니 손수건을 떨어뜨리는 것입니다. 그 남성이 떨어진 손수건을 집어 여성에게 건네준다면 구애를 받아들인다는 뜻이고, 못 본 체 하면 구애에 관심이 없다는 신호였습니다. 요즈음 기준으로 보자면

중세와 르네상스 편 123

매우 완곡하고 간접적인 구애 방법처럼 보일지 모르지만 옛날에는 꽤 성행하던 방법이었습니다. 그러고 보니 이 무렵 손수건의 용도는 주로 코를 풀기 위해 사용하는 오늘날의 용도와는 차이가 나도 엄청나게 차이가 납니다.

17세기 초엽 프랑스의 비루도와 원수(元帥)가 리옹에서 일어난 폭동을 진압하려고 그곳에 파견된 일이 있었습니다. 폭동을 모두 진압한 뒤 그는 그곳에서 한가롭게 시간을 보내고 있었습니다. 리옹의 여성들이 이 원수의 환심을 사려고 저마다 앞을 다투어 온갖 교태를 부릴 즈음, 그는 파리에 있는 어떤 귀부인한테서 편지 한 통을 받았습니다. 그런데 이 편지에는 "원수께서는 어떤 귀부인에게 손수건을 던지셨는지 알려주실 수 없을까요?"라는 구절이 쓰여 있었습니다. 두말할 나위 없이 어느 여성의 구애를 받아들였느냐고 묻는 질문입니다.

윌리엄 셰익스피어(William Shakespeare)는 흔히 '4대 비극'의 한 작품으로 일컫는 『오셀로』(1603)에서 남편한테서 받은 손수건을 잃어버린 대가로 비극적 죽음을 맞는 여성의 이야기를 다룹니다. 부하 이아고의 계략에 넘어가 아내 데스데모나의 사랑에 대한 확신이 무너져가는 주인공 오셀로는 어느 날 자신이 아내에게 선물로 주었던 손수건을 다른 남성 캐시오가 손에 들고 있는 것을 보는 순간 그만 이성을 잃고 맙니다. 이렇듯 손수건은 남성의 애정과 깊이 관련되어 있습니다.

'Throw down the gauntlet' refers to the act of inviting someone to argue, fight, or compete with you.

19
마녀 사냥

Chasse aux sorcières (Witch Hunt)

인류 역사에서 여성이 부당하게 취급받고 억압받은 적이 어디 한두 번이겠습니까마는, 그 중에서도 "마녀사냥" 또는 "마녀재판"은 아마 첫 손가락에 꼽힐 것입니다. 남성들은 앞으로도 두고두고 이 치욕의 역사를 마치 원죄처럼 걸머지고 살아가야 할 듯합니다. 이 점에서는 마녀사냥을 주도한 가톨릭교회도 마찬가지입니다. 이처럼 마녀사냥은 인류사에서 좀처럼 씻기 어려운 부끄러운 사건이라고 할 수 있습니다.

이 치욕의 사건은 중세 말기부터 근대에 이르기까지 유럽과 북아메리카 일대에서 널리 행해졌습니다. 마녀재판이란 마녀나 마법 행위에 대한 추궁과 재판에서부터 형벌에 이르는 일련의 행위를 통틀어 일컫는 용어입니다. 유럽에서만 15세기부터 18세기에 걸쳐 무려 50만 명에 이르는 여성이 마녀라는 죄목으로 억울하게 처형되었습니다. 13세기에서 16세기까지 유럽은 사회가 안정되지 않은 혼란기인데다 페스트 같은 전염병이 크게 유행했습니다. 또 종교개혁이 시작되면서 이 무렵 가톨릭교회는 민중의 관심을 다른 곳으로 돌릴 대상이 필요했습니다. 이 과정에서 사회적으로 지위가 열등한 여성이 그 표적이 되었던 것입니다.

소송이나 재판과 관련한 일이 흔히 그러하듯이 마녀재판도 따지고 보면 돈과 관련이 있었습니다. 마녀와 관련한 법이나 절차가 아주 황당하여 혐의를 받는 여성은 재판에서 소요되는 모든 비용을 지불해야 했습니다. 가령 고문도구 대여료, 마녀를 고문하는 고문 기술자 급여, 재판에 참여하는 판사 인건비, 마녀를 체포할 때 소요된 모든 시간과 비용, 마녀로 확정될 경우 화형을 집행하는 데 들어가는 모든 비용, 그리고 교황에게 내야 하는 마녀세(魔女稅) 등을 마녀 용의자가 모두 지불해야 했습니다. 심지어 마녀가 화형을 당한 뒤에는 '재산 몰수'라는 또 다른 처벌이 내려졌습니다.

그래서 마녀사냥이나 마녀재판의 희생자로 지목된 여성은 재산이 많지만 가족이 없는 늙은 과부나 노처녀 또는 지

나치게 똑똑한 여성들이 대부분을 차지하고 있었습니다. 또 남성들이 판단하기에 괴벽스럽거나 바른 말을 하는 여성들도 가끔 그 목표가 되었고, 재산을 노린 남자 친척들이 친척 여성을 고발하는 경우도 있었습니다. 이 어처구니없는 사건은 결과적으로 여성들을 길들이는 결과를 낳았습니다. 학자들은 마녀사냥 이후 유럽 전역에 걸쳐 부부의 재산에 대한 여성의 권리가 크게 약화되었고 여성의 역할이 크게 제한을 받게 되었다고 입을 모읍니다.

미국의 극작가 아서 밀러(Arthur Miller)는 미국 매사추세츠 주 세일럼에서 있었던 마녀재판 사건을 소재로 『도가니』(1953)라는 작품을 썼습니다. 그는 마녀사냥이야말로 청교도 집단의 공포를 반영한 사건이라고 말합니다.

> 마녀사냥은 패닉이 비뚤어진 모습으로 나타난 것이었다. 그 사건은 저울의 형평이 좀 더 개인의 자유 쪽으로 기울어지기 시작하자 모든 계급 사이에서 시작했다.

The witch-hunt was a perverse manifestation of the panic which set in among all classes when the balance began to turn toward greater individual freedom.

중세기에 마녀를 재판하는 방법으로는 크게 네 가지가 있었습니다. 첫 번째 방법은 '눈물 시험(Traenenprobe)'으로 일컫는 것입니다. 마녀는 사악하여 눈물을 흘리지 않는다고 생각했습니다. 그래서 혐의를 받고 있는 여성은 눈물을 흘려서 죄가 없다는 사실을 입증해 보여야 했지만 '개똥도 약에 쓰려면 없다'고 억지로 눈물을 짜내는 일이 그렇게 쉽지 않았습니다. 두 번째 방법은 '바늘 시험(Nadelprobe)'으로 성서의 예언서에서 비롯했습니다. 타락한 악마들은 신체에 지울 수 없는 어떤 표식을 지니고 있다고 생각하여 사마귀 · 융기 · 부스럼 · 기미 · 주근깨 등을 마녀의 상징으로 간주했습니다. 세 번째 방법은 '불시험(Feuerprobe)'으로 재판관이 시뻘겋게 불에 달군 쇠로 혐의자를 지지면서 고통을 견딜 수 있는지 없는지를 시험했습니다. 네 번째 방법은 '물시험(Wasserprobe)'입니다. 형리들은 혐의자를 단단히 묶은 뒤 깊은 물속에 빠뜨립니다. 물은 깨끗한 속성을 지니고 있기 때문에 마녀처럼 더러운 사람이 들어오면 물 밖으로 내동댕이친다고 믿고 있었기 때문이었지요. 만약 혐의자가 물속에서 그냥 익사한다면 혐의를 벗게 되지만 물 위로 떠오른다면 마녀로 간주되어 화형을 당했습니다. 이래도 죽고 저래도 죽을 수밖에 없는 운명이었습니다.

유럽에서는 제1차 세계대전 이전에, 미국에서는 1970년대 말엽 이후 마녀재판이 공식적으로 사라졌습니다. 그 뒤 2000년 3월 요한 바오로 2세(Giovanni Paolo II)의 지시에 따라 교황청은 「회상과 화해 : 교회의 과거 범죄」라는 제목의 문건을 발표하여 과거 가톨릭교회가 하느님의 뜻이라는 핑계로 인류에게 저지른 온갖 잘못을 처음 공식으로 인정했습니다. 이때 마녀사냥에 대한 잘못도 인정하면서 전 세계에 가톨릭의 이름으로 사죄했습니다.

지금도 "마녀사냥"이나 "마녀재판"이라고 하면 어떤 사람을 사회적으로 희생시키는 행위를 말합니다. 오늘날 사회학 용어로 "집단이 절대적 신조를 내세워 특정 개인에게 무차별한 탄압을 하는 행위"를 뜻합니다. 정치학에서는 전

체주의의 산물로, 심리학에서는 집단 히스테리의 산물로 간주하고 있습니다. 인권을 중시하는 오늘날에도 전근대적인 문화나 옛 전통에 무게를 싣는 사회에서는 아직도 마녀 재판과 비슷한 행위를 하는 일이 가끔 있어 안타깝기만 합니다.

Witch Hunt refers to an investigation carried out ostensibly to uncover subversive activities but actually used to harass and undermine.

20
그래도 지구는 도는걸!
Eppur si muove (And yet it does move!)

기독교의 세계관은 지구중심설이나 천동설에 근거를 두고 있습니다. 즉 지구는 움직이지 않고 고정된 상태에 있는 반면, 태양이 지구 주위를 돈다는 이론이 바로 지구중심설이나 천동설입니다. 구약성서 「시편」에는 "모든 나라에 이르기를 '주께서 다스리시니, 세계는 굳게 서서 흔들리지 않는다. 주님이 만민을 공정하게 판결하신다' 하여라"로 기록되어 있습니다. 또 「전도서」에서도 "해는 여전히 뜨고 또 여전히 져서 제자리로 돌아가며 거기에서 다시 떠오른다"고 말합니다. 미국 소설가 어니스트 헤밍웨이(Ernest Hemingway)의 유명한 소설 『해는 다시 떠오른다』(1926)는 바로 이 구절에서 빌려와 제목을 붙인 것입니다. 그렇다면 기독교의 세계관은 고대 그리스의 천문학자이자 수학자인 클라

우디오스 프톨레마이오스(Claudios Ptolemaios)의 이론과 비슷하다고 할 수 있습니다.

그런데 이탈리아의 철학자이자 과학자요 물리학자이며 천문학자인 갈릴레오 갈릴레이(Galileo Galilei)는 교황청을 비롯한 종교계와 맞섰습니다. 그는 망원경을 개량하여 천체를 자세히 관찰한 뒤 니콜라우스 코페르니쿠스(Nicolaus Copernicus)의 이론을 옹호하여 태양계의 중심이 지구가 아니고 태양이라고 부르짖었습니다. 지동설 또는 태양중심설이 바로 그것입니다. 인간이 살고 있는 이 지구가 성서에 기록된 대로 우주의 중심이 아니라 한낱 태양을 따라 돌고 있는 한 유성에 지나지 않는다는 주장은 가히 이단 중에서도 이단이라고 할 수 있습니다. 그러한 주장은 기독교라는 집이 서 있는 주춧돌 자체를 뒤흔드는 것과 크게 다르지 않기 때문입니다.

1633년 갈릴레오는 지동설을 내세웠다가 마침내 종교재판을 받고 이단으로 몰렸습니다. 이때 그의 나이 이미 일

흔 살이 다 된 노령이었습니다. 재판소에서는 이 노령의 학자를 고문하면서 지동설을 철회할 것을 요구했고, 그는 마침내 가톨릭교회의 압력에 굴복하지 않을 수 없었습니다. 갈릴레오는 방청객이 지켜보는 가운데 자신의 지동설이 잘못된 것이라고 선언해야만 했습니다. 그러나 종교 재판소를 나서면서 그는 혼잣말로 "그래도 지구는 도는걸!"하고 중얼거렸다는 일화가 전해 내려옵니다.

물론 갈릴레오가 실제로 "그래도 지구는 도는걸!"이라는 말을 했다는 사실을 입증할 만한 증거는 없습니다. 이 무렵 엄격한 종교 재판의 절차로 미루어보아 그가 감히 이러한 말을 했을 리 없다는 것입니다. 심지어 갈릴레오가 아예 종교 재판소에서 직접 재판을 받은 적도 없다고 지적하는 학자도 있습니다. 1623년 그와 친분이 두터웠던 마페오 바르베리니(Maffeo Barberini) 추기경이 교황으로 선출되어 우르바노 8세(Urbano VIII)로 즉위했습니다. 이듬해 갈릴레오는 로마를 방문하여 교황의 환대를 받았고, 교황과의 변함없는 우정을 확인한 그는 자신의 이론을 발표해도 크게 문제가 없을 것 같다고 판단했습니다. 그래서 갈릴레오는 "두 가지 주요 세계관에 관한 대화"의 원고를 완성하여 이 책의 출간 허가를 받기 위해 1630년 다시 로마를 방문했습니다. 이 책은 우여곡절을 겪은 끝에 1632년 피렌체에서 발간되었습니다. 그의 예상과는 달리 우르바노 8세는 이 책의 발간을 자신에 대한 배신으로 간주했습니다.

결국 우르바노 8세는 이 책의 배포를 금지하고, 지동설을 지지하지 않겠다고 교회와 한 약속을 어긴 갈릴레오를 종교 재판소에 회부했습니다. 1633년 갈릴레오는 종교 재판소에서 궐석 재판으로 유죄 판결을 받고 투옥될 예정이었지만, 건강이 나쁘고 고령이라는 점을 감안해서 곧바로 가택연금으로 감형을 받았다는 것입니다. 실제로 그의 제자인 비센치오 비비아니(Vincenzio Viviani)가 쓴 갈릴레오 전기에는 "그래도 지구는 도는걸!"이라는 말을 언급했다고 나오지 않습니다. 이 말이 처음 언급되는 것은 18세기 중엽 런던에 살고 있던 한 이탈리아인이 잡지에 갈릴레오에 관한 글을 발표하면서입니다. 그러나 1643년과 1645년 사이에 스페인 화가가 그린 듯한 그림 한 점이 1911년에 발견됩니다. 그런데 이 그림에 "그래도 지구는 도는걸!"이라는 구절이 적혀 있는 것으로 보아 이 말을 둘러싼 전설은 이미 오래 전부터 전해온 것 같습니다. 갈릴레오가 실제로 이 말을 했는지는 잘 알 수 없지만 어느 고위 성직자의 말을 인용하며 이렇게 말한 것만은 틀림없습니다.

성령은 우리에게 하늘나라에 가는 방법에 대하여 가르쳐

주는 데 의도가 있을 뿐 하늘이 어떻게 움직이는지에 대해 가르쳐주는 데에는 의도가 있지는 않다.

That the intention of the Holy Ghost is to teach us how one goes to heaven, not how the heaven goes.

 최근 『다빈치 코드』(2003)라는 소설을 출간하여 전 세계에 걸쳐 큰 인기를 끈 미국 작가 댄 브라운(Dan Brown)은 갈릴레오를 과학과 종교가 충돌하는 과정에서 생겨난 첫 번째 희생자로 보고 있습니다. 그러나 갈릴레오는 종교와 과학, 신앙과 이성 사이에 아무런 갈등을 느끼지 않았습니다. 그는 하느님이 성서와 자연이라는 성스러운 책을 두 권 집필했다고 말했습니다. 그런데 이 두 책이 서로 상충하는 것처럼 보이는 것은 오직 사람들이 성서를 잘못 읽고 있기 때문이라고 설파했습니다. 그렇다면 갈릴레오가 가톨릭교회

에 맞서 끝까지 지동설을 주창한 것만은 틀림없는 사실입니다.

"그래도 지구는 도는걸!"이라는 말의 의미는 분명합니다. 가톨릭교회나 그 시녀라고 할 종교 재판 같은 절대 권력은 한 개인이 주창하는 진리를 철회하도록 압력을 넣을 수 있을지언정 그 진리 자체를 변하게 할 수는 없다는 것입니다. 그러고 보면 갈릴레오의 이 진술은 가톨릭교회에 던진 도전장이라기보다는 차라리 신앙을 천명한 것과 크게 다르지 않습니다. 그는 자연의 진리란 권력의 억압과는 관계없이 태양처럼 언제나 존재한다는 사실을 몸소 보여 주기 때문입니다. 이렇게 온갖 압력이나 회유에 굴복하지 않고 자신의 신념을 끝까지 부르짖은 갈릴레오의 태도야말로 진리를 탐구하는 학자들이 본받아야 할 본보기일 것입니다.

Absolute power can force one man to deny the truth, but it cannot actually change the truth.

21
약한 자여, 그대의 이름은 여자로다!

Frailty, thy name is woman!

스코틀랜드의 철학가 토머스 칼라일(Thomas Carlyle)이 일찍이 식민지 인도와도 바꾸지 않겠다고 천명한 윌리엄 셰익스피어(William Shakespeare)는 20세기 후반에 들어오면서 심심치 않게 학자들과 비평가들한테서 비판의 도마에 오르내리고 있습니다. 요즈음 인종·계급·성차에 따른 차별을 극복하려는 것이 문학 비평의 큰 흐름입니다. 이러한 관점에 비추어보면 이 영국 문호는 그 기준에 크게 미치지 못한다는 것입니다. '불후의 명작'이니 '고전'이니 하는 이름으로 그 동안 무심코 그의 작품을 읽어 왔지만 좀 더 자세히 들여다보면 셰익스피어는 인종차별주의자인데다 계급에 따라 사람을 차별하는 작가요 또 여성을 폄하하는 남성

우월주의자라는 것입니다.

특히 최근 들어 셰익스피어는 여성들한테서 가부장 질서에 길들여진 남성중심주의자라는 비판을 받고 있습니다. 페미니즘이 점차 힘을 얻으면서 이러한 비판은 더더욱 거세지고 있습니다. 여성 비평가들은 그 근거로 그의 '4대 비극' 중에서도 가장 잘 알려진 『햄릿』(1602)을 들고 있지요. 이 작품에서 덴마크의 왕자로서 주인공으로 등장하는 햄릿은 여러 장면에서 여성을 업신여기거나 하찮게 여깁니다. 예를 들어 그는 어머니 거트루드 왕비에 대하여 이렇게 말합니다.

약한 자여, 그대의 이름은 여자로다!
겨우 한 달, 니오베처럼 눈물에 함빡 젖어
아버지 영구차를 따라가던
그 신발이 미처 닳기도 전에 어머니가
날쎄, 그 어머니가 자기 시동생 품에 안기다니.

Frailty, thy name is woman!
A little month, or ere those shoes were old
With which she follow'd my poor father's body,
Like Niobe, all tears ; why she, even she … married
with mine uncle.

『햄릿』을 읽지 않았어도 아마 "약한 자여, 그대의 이름은 여자로다!"라는 이 구절을 기억할 사람이 많을 것입니다. 지금 이 장면에서 햄릿은 어머니를 적잖이 원망하고 있습니다. 햄릿의 아버지는 삼촌 클로디우스로부터 의문의 죽음을 맞았고, 그로부터 한 달이 채 되지도 않아 어머니가 곧바로 삼촌과 결혼했기 때문입니다. 햄릿은 어머니의 연약한 성격을 탓하였습니다. 그러나 그가 비난하는 것은 좀 더 따져보면 비단 어머니의 연약한 성격만이 아닙니다. 요즈음 유행하는 말을 빌려 표현하자면 어머니의 '도덕적 해이(解弛)'를 지적하고 있습니다. 도덕적 잣대나 윤리의 기준으로 판단하더라도 어쩌면 거트루드의 행동은 비난받아 마땅할지 모릅니다.

그렇다고 해도 특정한 한 여성의 성격적 결함이나 도덕적 해이를 모든 여성의 공통된 문제인 것처럼 말하는 데는 문제가 있습니다. 지금 햄릿은 어머니 거트루드 한 여성이 아니라 여성 전체를 싸잡아 비난하고 있습니다. 다시 말해서 남성을 제외한 인구, 즉 인류의 절반 이상이 그의 비난 대상이 됩니다.

여성이 남성보다 연약하고 우유부단하며 도덕적으로 느슨하다고 생각하는 것은 어디까지나 남성이 만들어낸 신화에 지나지 않습니다. 서양에서 페미니즘 운동에 이론적

으로 처음 불을 지핀 프랑스 학자 시몬 드 보부아르(Simone de Beauvoir)는 『제2의 성』(1949)이라는 책에서 "여성은 태어나는 것이 아니라 만들어지는 것"이라고 말한 적이 있습니다. 우리가 흔히 알고 있는 여성의 이러저러한 속성은 태어날 때 물려받은 것이 아니라 상당 부분 후천적으로 학습화된 것이라는 뜻이지요. 실제로 미국의 문화인류학자 마거릿 미드(Margaret Mead)의 연구 결과에 따르면 남태평양 어느 원시부족 사회에 가면 다른 부족과 싸움이 벌어졌을 때 싸움터에 나가 싸우는 것은 여성이고, 남성은 집에서 아이를 키우며 살림을 한다고 합니다. 남성이 힘이 세고 용감한 반면, 여성은 가냘프고 온순하다는 통념은 태생적인 것이라기보다는 문화가 만들어낸 허구일 따름이라는 것입니다.

남성 중심의 가부장 사회에서는 어렸을 적부터 여성에게 이러저러 하여야 한다고 가르칩니다. 요즈음에 와서는 많이 달라졌다고는 하지만 불과 몇 십 년 전까지만 해도 오랫동안 유교 질서의 영향을 받아온 우리나라에서는 어렸을 적부터 여자아이들에게 말을 할 때는 조용히 하고 행동할 때는 다소곳하게 하라고 가르칩니다. 성인이 되어서도 당당하고 자신 있게 자기주장을 펴는 여성은 남성들한테서 '공격적'이라는 말로 폄하받기 일쑤입니다.

이러한 사정은 비단 우리나라만이 아니고 서양에서도 마찬가지였습니다. 기독교 경전인 성서에서도 남성중심주의를 쉽게 찾아볼 수 있습니다. 여성을 하찮게 여기는 것은 구약성서의 앞부분, 그러니까 모세 오경보다는 아랍 문화권의 영향을 받고 쓰인 구약성서의 뒷부분에 갈수록 훨씬 더 두드러지게 드러납니다. 「잠언」이나 「전도서」 같은 지혜서에는 여성을 불결한 존재로 본다든지, 가축처럼 남성의 소유물로 여긴다든지, 또는 머리가 비어 있는 우둔한 존재로 보는 등 여성을 얕잡아 보는 내용이 한두 곳이 아닙니다.

햄릿의 입을 빌려 셰익스피어가 말하는 것처럼 여성은 절대로 연약하지 않습니다. 남성이 여성을 그렇게 훈육하고 학습했을 뿐이고 또 그렇게 보고 싶을 뿐입니다. 그 동안 천연자원을 무분별하게 사용해 온 나머지 지금 자원이 고갈되어 인류는 그 어느 때보다 크나큰 위기에 놓여 있습니다. 인류에게는 이제 오직 한 가지 자원밖에는 남아 있지 않습니다. 다름 아닌 '여성 자원'입니다. 이 자원을 과연 어떻게 효율적으로 사용하느냐에 따라 앞으로 인류의 운명이 달려 있습니다.

"Frailty, thy name is woman!" alludes to the alleged inherent weakness of character of women.

22
반짝인다고 하여 모두 금은 아니다

All that glitters is not gold

20세기 중엽 이후의 현대를 흔히 '시뮐라시옹(simulation)의 시대'라고 일컫습니다. 프랑스의 사회학자 장 보드리야르(Jean Baudrillard)가 처음 도입한 이 개념은 이 세상에 존재하지 않는 것을 마치 존재하는 것처럼 만들어 놓아 실재와 가상이 아주 혼란스러워진 상황을 말합니다. 이 말은 포스트모던 사회를 규정짓는 한 특징으로 이제는 학계는 말할 것도 없고 문화계와 예술계에서도 자주 사용하는 용어가 되다시피 했습니다. 영상 미디어를 비롯한 온갖 기호가 현란하게 춤을 추며 실재를 소멸시킵니다. 이렇듯 가상 현실이 실제 현실을 밀어내고 대신 그 자리를 차지하고 있는 것이 오늘날의 현실입니다.

굳이 보드리야르의 이론이 아니라고 하더라도 현대 사회에서는 진짜와 가짜, 겉모습과 실제 모습을 구별하기란 아주 어렵습니다. 진짜가 가짜 같고, 가짜가 진짜처럼 보이기 때문입니다. 커피숍에 놓여 있는 실제 안개꽃과 장미가 조화(造花)처럼 보이는 한편, 플라스틱으로 이슬 모양까지 만들어놓은 조화가 오히려 실제 꽃보다도 더 실감이 나게 보일 때가 있습니다.

장주(莊周)가 『장자(莊子)』의 '제물론(齊物論)'에서 일찍이 말한 호접지몽(胡蝶之夢)을 기억하실 것입니다. 언젠가 잠이 든 장주가 나비가 된 꿈을 꾸었습니다. 훨훨 날아다니는 나비가 된 채 자유롭게 노니면서도 자신이 장주라는 사실은 깨닫지 못했습니다. 그러나 문득 깨어나 보니 틀림없이 자신이었습니다. 도대체 장주가 꿈에 나비가 된 것일까? 아니면 나비가 꿈에 장주가 된 것일까? 물론 현실 속의 장주는 나비와는 다르지만 가끔 이 두 가지를 구분 짓기 어려운 때도 있습니다.

이러한 가상 현실 세계를 윌리엄 셰익스피어는 일찍이 희비극 『베네치아의 상인』(1600)에서 "반짝인다고 하여 모두 금은 아니다"는 말로 간결하게 표현했습니다. 이탈리아 베니치아의 상인 안토니오는 친구 바사니오로부터 갑자기 돈이 필요하다는 부탁을 받고 유대인 고리 대금업자인 샤일록한테서 돈을 빌려다 줍니다. 그러나 그 조건이 여간 까다롭지 않아서 만약 약속한 기일에 빚을 갚지 못할 때는 안토니오의 가슴살 1파운드를 베어 주기로 합니다. 배가 난파하여 약속대로 제 날짜에 빚을 갚지 못하게 되자 샤일록은 재판정에서 안토니오의 살을 벨 것을 요구합니다. 이때 재판관으로 변장한 포셔가 나타나 "살을 베되 피를 한 방울이라도 흘려서는 안 된다"는 선고를 내림으로써 위기에서 남편과 남편의 친구를 구출해 냅니다.

이보다 앞서 포셔는 아버지 유언에 따라 그녀의 남편 후보자를 고르는 장면이 나옵니다. 이 장면에서 셰익스피어는 모로코 영주의 입을 빌려 이렇게 말합니다.

반짝인다고 해서 모두 금은 아니다.
그대는 이렇게 말하는 것을 자주 들었을 터.
수많은 사람들이 내 겉모습에 홀려 생명을 팔았도다.
황금의 무덤 속에는 구더기가 우글대는 법.

All that glitters is not gold,
Often have you heard that told,
Many a man his life hath sold
But my outside to behold,
Gilded tombs do worms enfold.

첫 문장 "반짝인다고 해서 모두 금은 아니다"는 아마 낯익을 것입니다. 그런데 이 문장은 셰익스피어가 이 작품에 사용하여 널리 알려지게 되었지만 실제로 이 말을 처음 한 사람은 셰익스피어가 아닌 다른 사람이었습니다. 12세기 프랑스 신학자 알랭 드 릴(Alain de Lille)이 일찍이 "금처럼 반짝인다고 모든 것을 금으로 간주하지는 마라(Do not hold everything gold that shines like gold)"라는 말을 한 적이 있으니까요. 그 뒤 1553년 청교도 1세대 신학자인 토머스 베컨(Thomas Becon)이라는 사람이 "반짝인다고 하여 모두 금은 아니다(All is not golde that glistereth)"라는 말을 했습니다. 또 1587년에도 조지 터버빌(George Turberville)이라는 시인이 "반짝여 보인다고 모두가 금은 아니다(All is not gold that glistringly appeere)"는 말을 한 적이 있습니다. 그렇다면 셰익스피어는 『베네치아의 상인』에서 서양에서 중세기부터 널리 사용되고 있는 격언을 빌려다 쓰고 있는 셈이지요.

"반짝인다고 해서 모두 금은 아니다"는 표현은 겉으로 드러나 보이는 모습은 그 뒤에 숨어 있는 실제 모습과는 적잖이 차이가 난다는 사실을 말할 때 자주 사용합니다. 사람을 겉모습만 보고 평가하지 말라는 뜻으로도 쓰입니다. 실제로 겉으로는 번지르르해 보이지만 막상 속을 들여다보면 속 빈 강정처럼 실속이 없는 경우가 많습니다. 휘황찬란한 겉모습에 현혹되어 황금이 아닌 것을 좇는 데에 금쪽같은 삶을 헛되게 낭비한다면 참으로 어리석고 억울한 일일 것입니다. 수많은 사람들이 진짜가 아닌 가짜, 실제 모습이 아닌 겉모습에 홀려 목숨을 팔았다든지, 황금의 무덤 속에는 구더기가 우글댄다든지 하는 셰익스피어의 말에 좀 더 귀를 기울일 때입니다.

Not everything that appears attractive actually is, or a showy article may not necessarily be valuable.

23
원탁의 기사

Knights of the Round Table

요즈음 들어 부쩍 '도덕적 해이'니 '정신적 공황 상태'니 하는 용어를 자주 듣습니다. 자본주의가 극도로 발전하면서 정신적 가치마저 물질주의의 잣대로 평가하려는 태도가 팽배해 있기 때문일 것입니다. 젊은 층은 말할 것도 없고 기성세대 사이에서도 목적만 좋으면 수단은 크게 상관없다는 생각이 널리 퍼져 있는 듯 합니다. 그러나 목적이 좋다고 수단이나 방법이 정당화될 수는 없습니다. '모로 가노 서울만 가면 된다'는 속담은 서울에 이르는 길이 여러 갈래 있다는 뜻일 뿐 아무렇게라도 서울에만 가면 된다는 뜻은 아닙니다. 서울에 도달하는 목표 못지않게 중요한 것이 그곳에 가기까지 과정이요 수단과 방법입니다.

서양에서 중세기에 힘을 얻던 기사도(騎士道, chivalry) 정신이 그 어느 때보다도 새삼 그리워지는 것은 아마 이러한 상황과 무관하지 않은 듯합니다. '기사도'를 뜻하는 영어 'chivalry'란 말(馬)을 뜻하는 프랑스어 '슈발(cheval)'에서 유래했다는 것이 정설입니다. 일본에서 사무라이(武士) 하면 긴 일본도(日本刀)를 곧 떠올리듯이 서양에서 '기사' 하면 곧바로 말을 타고 있는 무사가 떠오릅니다.

기사도는 봉건제도의 황금기라고 할 11세기에 처음 시작하여 12세기에서 13세기에 걸쳐 활짝 꽃을 피웠고 14세기와 15세기에 형식적으로는 완성되었다가 그 뒤부터 실질적으로는 점차 타락하여 퇴색해 갔습니다. 기사도의 내용은 시대에 따라 조금씩 달라졌습니다. 기사들이 서임(敍任)할 때 맹세하는 선서에서 볼 수 있듯이 그 주요 덕목(德目)에는 무용(武勇)·성실(誠實)·명예(名譽)·예의(禮儀)·경건(敬虔)·겸양(謙讓)·약자보호(弱者保護) 등이 들어 있습니다. 초기에는 무용과 성실이 기사도 덕목의 핵심을 이루다가 십자군 시대에 이르러 기독교 윤리를 받아들여 경건·겸양·약자보호 등의 덕목을 보태게 되었습니다.

11세기 말엽 프랑스에서 창작된 것으로 추정할 수 있는 「롤랑의 노래」라는 작품에 기록되어 전해오는 기사도 정신을 좀 더 자세하게 몇 가지만 간추려 보면 다음과 같습니다.

첫째, 영주를 무용과 신의로 봉사한다.

둘째, 약한 사람들과 무방비 상태에 있는 사람들을 보호한다.

셋째, 과부들과 고아들을 도와준다.

넷째, 명예와 영광을 위하여 산다.

다섯째, 금전적 보상을 경멸한다.

여섯째, 모든 사람의 안녕을 위하여 싸운다.

일곱째, 여성의 명예를 존중한다.

To serve the liege lord in valour and faith

To protect the weak and defenceless

To give succor to widows and orphans

To live by honour and for glory

To despise pecuniary reward

To fight for the welfare of all

To respect the honour of women

기사도 정신을 일곱 가지만 간추려 언급했지만 실제로는 모두 열일곱 가지나 됩니다. 이 중에서 열두 가지는 호전적인 행위와는 거리가 멉니다. 이렇듯 기사들은 힘없고 약한 사람들을 지켜주는 일에 관심을 두었습니다. 서양의 신사도(紳士道, gentlemanship)라는 것도 따지고 보면 이 기사도가 쇠퇴하면서 남성의 행동 규범으로 발전한 것이라고 볼 수 있습니다.

 기사도 정신은 한국 화랑도의 세속오계(世俗五戒)와 여러모로 비슷하지만 서유럽의 봉건적 주종관계는 계약적이고 쌍무적(雙務的)인 성격을 띠고 있어 충효를 바탕으로 한 한국의 세속오계와는 조금 달랐습니다. 기사도의 무용이라는 것도 세속오계의 임전무퇴(臨戰無退)와는 달라서 기사는 비록 포로가 된다고 해도 원칙적으로는 수치스러운 일이 아니었습니다. 또 주군은 봉건가신(封建家臣)의 몸값을 지불하고라도 빼와야 할 의무가 있었습니다.

 이러한 기사 중에서도 '원탁(圓卓)의 기사'가 우리에게 가장 잘 알려져 있습니다. 6세기경 영국의 전설적 인물이며 켈트 민족에 속하는 영웅인 아서 왕(King Arthur)을 소재로 삼은 중세 로맨스입니다. 아서 왕은 기사 열두 명과 함께 둥근 탁자에 앉아 모든 의사를 결정합니다. 그런데 여기에서 한 가지 흥미로운 것은 아서 왕이 기사들 사이에 갈등을 없애기 위하여 특별히 원탁을 만들었다는 점입니다. 둥근 탁자에서는 특별히 상석이나 말석의 구분이 전혀 없기 때문이지요. 원탁에 앉는 방법이야말로 가장 민주적인 방법이라고 할 수 있습니다.

지금도 '원탁'이라고 하면 단순히 원형 테이블이 아니라 회의의 협조주의 정신을 표방하는 상징적 의미로 널리 사용합니다. 규모가 큰 국제회의는 흔히 크고 둥그런 원탁에서 하며, '원탁회의(round-table conference)'란 이렇게 둥근 탁자에 둘러앉아서 하는 회의를 말합니다. 그런데 이러한 국제회의는 원탁이 아닌 네모난 탁자에서 해도 아무런 상관이 없습니다. 1886년 아일랜드 자치 문제로 자유당이 분열되자 급진파 조지프 체임벌린(Joseph Chamberlain)이 제창하여 이듬해 1월 개최한 회의가 최초의 원탁회의로 일컫습니다.

원탁에서 이루어지는 회의는 윗자리와 아랫자리의 구분

이나 자리의 순서가 없으므로 국제간의 이해관계가 얽힌 국제회의에서 많이 이루어지는 형식입니다. 기본적으로 상석의 개념이 없는 원탁의 테이블에서는 의장국 자리를 중심으로 오른쪽이 상석이고 왼쪽이 그 다음 상석입니다. 가령 2010년 서울에서 열린 G-20정상회의에서는 주최국인 한국 대통령을 중심으로 오른쪽 자리에는 차기 의장국인 프랑스의 니콜라 사르코지(Nicolas Sarkozy) 대통령이, 왼쪽 자리에는 전임 의장국인 영국의 데이비드 캐머런(David Cameron) 총리가 자리했습니다.

The Round Table refers to a conference or discussion involving several participants.

24
죽음을 기억하라
Memento Mori

공자(孔子)는 제자 한 사람이 죽음에 대해 묻자 '삶도 제대로 모르는데 죽음을 어찌 알랴(未知生 焉知死)'라고 대답했습니다. 죽음보다는 삶을 중요하게 생각하는 태도입니다. 또 '아침에 도(道)를 들으면 저녁에 죽어도 좋다(朝聞道 夕死可矣)'고도 했습니다. 언뜻 보면 죽음을 자연스럽게 받아들이는 듯이 느껴지기도 하지만 실제로는 죽음보다는 역시 도에 무게를 싣는 말입니다. 공자의 말에서도 알 수 있듯이 동양에서는 죽음에 대해 별로 생각하지 않으려고 했습니다. 공동묘지도 사람들이 살지 않는 도시 밖 멀리 외딴 곳에다 썼습니다. 지금은 서울 시내 한복판에 들어와 있다시피 하지만 옛날만 해도 망우리(忘憂里)는 도시에서 한참 떨어진 곳이었습니다. 그리고 그 이름도 모든 걱정과 시름을 잊는 곳이라고 지었습니다.

그러나 서양에서 공동묘지는 도시 한복판에 자리 잡고 있습니다. 물론 교회나 성당의 마당을 묘지로 사용하기도 하지만 따로 공동묘지를 마련하는 경우에도 누구나 지나면서 자주 볼 수 있는 도시 한가운데에 마련합니다. 공동묘지는 주민들이 즐겨 산책하는 평화로운 공원으로 서양인들은 공원 같은 공동묘지를 산책하며 삶과 죽음에 대해 명상합니다. 물론 우리네처럼 봉분을 하지 않고, 고인을 기념하는 비석만 세우고 묘지 주위에는 나무를 많이 심어 공원 분위기를 한껏 살려냅니다.

이렇듯 서양에서는 삶 못지않게 죽음, 현세 못지않게 내세에 깊은 관심을 기울였습니다. 심지어 중세기에는 침대 머리맡에 해골바가지를 놓아두고 언제나 죽음이 삶 가까이 있다는 사실을 떠올렸습니다. 옛날보다 덜 하다고는 하지만 이렇게 죽음을 기억하는 태도는 지금에 이르러서도 쉽게 찾아볼 수 있습니다. 가령 덴마크의 철학자 쇠렌 키에르케고어(Søren Kierkegaard)는 "인간이란 불안이라는 열차를 타고 절망이라는 터널을 지나서 죽음이라는 종착역에 이르는 실존"이라고 말한 적이 있습니다.

그래서 서양에서 중세기에는 "Memento Mori" 즉 "죽음을 기억하라"는 라틴어 경구가 유행했습니다. 죽음이 그림자처럼 우리 곁에 언제나 따라다닌다는 사실을 한 순간도 잊지 말라고 일깨워주는 말입니다. 서양인들은 이 "메멘토 모리"라는 말을 아름답게 수(繡)로 놓기도 하고, 그림으로 그리기도 하고, 또 어떤 때는 시를 써서 늘 가슴 속에 되새기려고 했습니다. 조각 작품에 새겨 놓기도 했으며, 무덤 위 비석에 새겨 놓기도 했습니다. 특히 '시체 무덤(cadaver tomb)'이라고 하여 망자의 신체가 썩어 뼈만 앙상하게 남은 모습을 돌에 새겨놓기도 했습니다. 이러한 장식 무덤은 15세기 걸쳐 부유한 사람들 사이에 널리 유행했습니다. 14세기 말엽 노래로 작곡되어 널리 불린 라틴어 시 중에는 이러한 것도 있습니다.

> 인생은 짧고 곧 종말을 맞으리라,
> 죽음은 성큼 다가오고 어느 누구도 존경하지 않는 법.
> 죽음은 모든 것을 파괴하고 어느 누구도 동정하지 않아라.
> 죽음을 향해 서둘러가는 인생, 죄를 짓지 마세.

Life is short, and shortly it will end ;
Death comes quickly and respects no one,
Death destroys everything and takes pity on no one.
To death we are hastening, let us refrain from sinning.

"메멘토 모리"라는 말은 단순히 죽음을 잊지 말라고 당부하는 말만은 아닙니다. 인간의 삶은 짧다는 사실, 인간이란 죽을 수밖에 없는 운명을 지닌 존재라는 사실, 그렇기 때문에 살아 있는 동안 늘 죽음을 의식하면서 행동하라는 뜻입니다. 이렇게 죽음을 늘 상기시키는 태도는 고대 로마시대로까지 거슬러 올라갈 수 있습니다. 남의 나라를 정복하고 개선하는 로마의 장군이 로마 거리를 행진할 때면 그의 뒤에는 언제나 노예 한 사람이 그림자처럼 따라다녔습니다. 그 노예는 개선장군에게 이 "메멘토 모리"를 상기시키며 오늘은 이렇게 영광 속에서 행진하고 있지만 내일이면 그 운명이 어떻게 될지 모른다고 일깨워주었던 것입니다.

중세기에 이 "메멘토 모리"는 기독교 세계관과 결합하면서 독특한 의미를 자아냈습니다. 기독교인들에게 죽음이란 지상에서 누리는 쾌락과 사치 그리고 세속적 성취가 얼마나 덧없고 속절없는지를 강조할 뿐이었습니다. 다시 말해서 현세의 삶보다는 앞으로 다가올 내세의 삶에 좀 더 무게를 신도록 유도했지요. 가톨릭교회에서는 정경(政經)으로 사용하지만 개신교에서는 외경(外經)으로 간주하는 「집회서(集會書)」를 보면 "무슨 일을 하든지 너의 마지막 순간을 생각하고 절대로 죄를 짓지 말아라"라는 구절이 나옵니다.

로마 가톨릭과 성공회 그리고 감리교에서는 사순절(四旬節) 첫날에 '재의 수요일(Ash Wednesday)'이라는 행사를 지킵니다. 이 날 가톨릭교회에서는 신도들의 이마에 재를 발라 주며 죄를 고백하게 함으로써 40일 동안 그리스도의 고난을 묵상하는 사순절의 의미를 되새깁니다. 사제들은 신도들에게 "다 흙으로 말미암았으므로 다 흙으로 돌아가나니 다 한 곳으로 가거니와"라는 구약성서 「전도서」의 한 구절을 말해 줍니다. 이 또한 인간이 흙으로 만들어진 존재, 곧 죽어 다시 흙으로 돌아가야 하는 존재임을 새삼 일깨워주는 말입니다.

서양에서는 교회뿐만 아니라 개인들도 늘 죽음을 상기시키는 물건을 몸에 지니고 다녔습니다. 예를 들어 스코틀

랜드의 여왕 메리(Mary)는 언제나 해골 모양으로 만든 큼직한 은제 시계를 갖고 다녔습니다. 그런데 그 시계에는 로마 시인 호라티우스(Horatius)의 "오늘을 붙잡아라(Carpe diem)"라는 구절이 새겨져 있었습니다.

굳이 기독교에 국한하여 말하지 않더라도 죽음이 언제나 그림자처럼 우리 곁에 있다고 생각한다면 삶의 태도가 조금은 달라질 수도 있을 것 같습니다. 지금 우리는 마치 천년만년 살 것처럼 생각하고 행동할 때가 더러 있지 않습니까? 언제 죽을지도 모른다고 생각한다면 삶을 낭비하지도 않을 것이고, 재산을 모으고 명예를 쌓는 데 그렇게 안간힘을 쓰지도 않을테니 말입니다.

Memento mori means "Remember your mortality", or "Remember you must die."

25
산이 오지 않는다면 내가 갈 수밖에

If the mountain will not come to Mahomet,
Mahomet must go to the mountain

우리나라에서 흔히 '마호메드'나 '마호메트'로 일컫는 이슬람교의 창시자 무함마드(Muhammad)는 가난한 목수의 아들인 예수 그리스도와는 달리 메카의 귀족 가문에서 태어났습니다. 그러나 일찍이 부친을 여의고 숙부 밑에서 자란 무함마드는 메카에서 다마스쿠스에 이르는 대상(隊商)의 행렬에 끼어 장사를 배웠으며, 스물다섯 살에 부유한 과부와 결혼하여 메카에서 유복하게 살았습니다. 평탄하지 않은 이러한 삶의 굴곡 때문인지 그는 일찍부터 종교의 힘을 빌려 민중을 구제할 뜻을 세웠습니다.

유태교와 기독교의 영향을 받은 무함마드는 알라(Allah)를 유일한 절대자로 삼아 이슬람교를 창설했습니다. 무함마드는 가브리엘 천사의 계시를 받아 이슬람교를 창설했다고 합니다. 그는 한 손에는 '쿠란'을 들고 다른 손에는 '칼'을 들고 종교적 세력뿐만 아니라 정치적 세력을 넓혀 나갔고, 그의 후계자들은 몇 세기에 걸쳐 아라비아 세계를 휩쓸다시피 했습니다. 서울 용산구 이태원에 있는 이슬람 중앙성회 본관 들머리 위에는 "하느님 이외에 다른 신은 없습니다. 예언자 무함마드는 그분의 사도입니다"라는 문구가 적혀 있는 것이 흥미롭습니다.

그런데 무함마드에 대해서는 여러 일화가 전해내려 옵니다. 이를 테면 비둘기를 잘 길들여서 자기 귓구멍 속에 콩을 집어넣고 그것을 쪼아 먹게 했다고 합니다. 그래서 비둘기는 배가 고플때면 무함마드의 어깨 위에 날아와 앉아 부리를 그의 귓구멍에 대는 것이었습니다. 그러면 그는 사람들에게 신이 비둘기의 몸으로 변신하여 자기에게 신탁을 하는 것이라고 말했습니다. 요즈음 사람들한테는 자칫 사기 행각처럼 보일지도 모르겠습니다.

무함마드와 산에 관한 이야기는 우리에게 더욱 잘 알려져 있습니다. 그가 포교를 시작할 무렵 아라비아인들은 그가 정말로 신의 사도인지 의심을 품고 있었습니다. 만약 그가 그의 말대로 하느님의 예언자라면 뒤쫓아 오던 파라오와 그의 전차병들을 피하기 위하여 지팡이로 홍해바다를

둘로 가른 구약시대의 모세나, 눈이 먼 사람을 보게 하고 앉은뱅이를 일어서게 한 신약시대의 예수 그리스도처럼 직접 초자연적인 기적을 보여 달라고 부탁했습니다.

그러나 이러한 부탁에 대하여 무함마드는 그러한 행위는 신을 시험하는 노릇이어서 오히려 파라오의 경우처럼 신의 노여움을 살 수 있다고 경고하면서 그러한 부탁을 한사코 거절했습니다. 그래도 사람들이 계속하여 기적을 보여 달라고 보채자 성화를 이기지 못하여 무함마드는 마침내 한 번은 사파산(山)을 향하여 "산아 이리로 오너라" 하고 명령을 내렸습니다. 마치 조선시대에 선비가 남의 집을 방문하여 대문 앞에서 "이리 오너라!" 하고 하인을 부르는 것과 같다고 할까요. 물론 무함마드가 세 번씩이나 산에게 명령을 내려도 산은 꿈쩍도 하지 않았습니다. 그러자 그는 아무렇지도 않은 듯 하늘을 향하여 두 손을 쳐들면서 이렇게 말했습니다.

하느님께서는 자비로우시다. 만약 하느님께서 내 말을 들어주셨다면 산이 우리에게 덮쳐 모두가 짓눌려 죽었을 것이다. 그러므로 나는 산에 가서 이 완고하고 오만한 사람들에게 자비를 베풀어 주신 것에 대해 그분께 감사를 드려야겠다.

God is merciful. Had it obeyed my words, it would have fallen on us to our destruction. I will therefore go to the mountain and thank God that he has had mercy on a stiff-necked generation.

이슬람의 경전 『쿠란』에 나오는 이 말은 어찌 보면 궤변처럼 들릴지도 모릅니다. 그러나 무함마드는 궤변을 늘어놓으려고 이 말을 한 것은 절대로 아닙니다. 생각해 보면 볼수록 진리를 담고 있는 말입니다. 특히 모든 일을 자신의 뜻대로 처리하거나 남의 행동을 오직 자신의 잣대에 맞추어 평가하려는 현대인들에게는 좋은 교훈이 아닐 수 없습니다. 만약 우리 방식대로 할 수 없다면 우리는 남의 방식에 맞게 행동해야 합니다.

이 일화가 세상에 널리 알려지기 시작한 것은 16세기 말엽에서 17세기 초엽에 이르러서입니다. 영국의 경험주의 철학자 프랜시스 베이컨(Frances Bacon)은 『에세이집』(1597)에서 이 일화를 소개하였으며, 존 레이(John Ray)가 『영국 속담집』(1678)에 수록하면서 더욱 널리 알려지게 되었습니다. 다만 베이컨의 책에서는 무함마드가 산에게 말하는 것이 아니라 언덕에게 말하는 것으로 되어 있는 것이 조금 다를 뿐입니다.

"만약 산이 무함마드에게 오지 않는다면 무함마드가 갈 수밖에 없지"라는 표현은 최근 들어서는 여러 상황에서 여러 형태로 사용되고 있습니다. 가령 어느 정치가가 인용한 "대통령이 나를 만나려고 하지 않는다면 내가 그의 집무실로 찾아갈 수밖에"라는 말이 그 가운데 하나입니다. 젊은 연인 사이에서는 "그대가 나를 만나러 찾아오지 않으면 내가 그대를 만나러 갈수밖에"라는 문장도 사용되고 있습니다. 한마디로 '목이 마른 사람이 우물을 판다'는 한국 속담과 비슷한 말입니다.

If things do not change the way you want them to, you must adjust to the way they are.

26
클레오파트라의 코가 조금만 낮았더라면

If Cleopatra's nose had been shorter

동양에서 가장 아름다운 여성이라고 하면 당나라 현종(玄宗)의 후궁 양귀비(楊貴妃)를 꼽지만 서양에서는 이집트 왕국의 마지막 여왕 클레오파트라를 꼽습니다. 클레오파트라는 아버지 프톨레마이오스 12세(Ptolemaios XII)가 사망하자 동생인 프톨레마이오스 13세와 함께 이집트를 통치했습니다. 그러나 점차 두 사람의 사이가 틀어지게 되면서 궁정도 두 파로 나뉘어 싸움을 벌였습니다. 이때 마침 로마의 실권자인 율리우스 카이사르(Gaius Iulius Caesar)가 이집트로 원정을 왔습니다. 클레오파트라는 카이사르의 마음을 사로잡아 그의 도움으로 왕권을 잡았을 뿐만 아니라 그와의 사이에서 아들 케사리온(Caesarion)을 낳기도 했습니다.

그 뒤 카이사르가 암살당하자 클레오파트라는 새로운 실력자인 마르쿠스 안토니우스(Marcus Antonius)에게 접근하여 그와 결혼했습니다. 그녀에게는 이 무렵 로마의 보호 아래 있던 이집트를 완전히 독립시키고 대제국을 건설하려는 야심이 있었기 때문이었습니다. 그러던 중 카이사르의 양자인 가이우스 옥타비아누스(Gaius Octavianus)와 전쟁이 벌어졌고, 악티움 해전에서 패배한 안토니우스가 자살하자, 클레오파트라는 이번에는 옥타비아누스까지도 유혹하려고 했지만 실패했습니다. 마침내 클레오파트라는 로마 개선식에 포로로 끌려가 모욕을 당할까 두려워 스스로 독사에 팔을 물려 목숨을 끊고 말았습니다.

클레오파트라는 자신이 추구하는 목적을 위하여 미모를 한껏 이용한 여성이었습니다. 말하자면 미인계의 달인이었다고나 할까요. 여러 영웅의 마음을 사로잡은 것을 보면 그녀의 미모가 과연 어떠했는지 쉽게 미루어볼 수 있습니다. 물론 그녀의 미모가 우리가 생각하듯이 그렇게 뛰어난 것은 아니었다고 주장하는 학자들도 있습니다. 그러나 '제 눈에 안경'이라고 미모란 어디까지나 주관적이고 상대적일 수밖에 없습니다. 절세미인이라고는 할 수 없을지 몰라도 지성미를 갖춘 여성이었던 것만은 틀림없어 보입니다.

더구나 클레오파트라는 교양이 풍부하고 재치 있고 세련된 말솜씨가 뛰어났다고 합니다. 특히 그녀의 목소리는 더없이 감미로워, 고대 그리스의 전기 작가 루시우스 플루타르코스(Lucius Plutarchus)는 그녀의 목소리가 "줄이 많이 달린 현악기가 울리는 음색과 같다"고 평하기도 했습니다. 또한 그녀는 외국어에도 능통히여 여러 나라 말을 마음대로 구사할 수 있었습니다. 이 정도라면 한마디로 다재다능한 여성이라고 할 수 있겠지요. 물론 로마의 대표적인 장군 카이사르와 안토니우스를 유혹하였다고 하여 로마인들은 그녀를 '나일강의 마녀'로 달갑지 않은 시선으로 바라봅니다.

이러한 클레오파트라에 대하여 17세기 프랑스의 수학자요 철학자인 블레즈 파스칼(Blaise Pascal)은 『팡세』(1670)에서 이렇게 말했습니다. 영어 문법 시간에 가정법 과거완료 문장의 예로 아마 귀가 따갑도록 들었을 말입니다.

만약 클레오파트라의 코가 조금만 더 짧았더라면 세계의

얼굴은 변했을 것이다.

Cleopatra's nose, had it been shorter, the whole face of
the world would have been changed.

 파스칼은 인간의 신체 중에서 하필이면 왜 코를 언급했을까요? 얼굴로 좁혀 보더라도 흔히 '영혼의 창문'으로 일컫는 눈이 코보다도 훨씬 중요할 텐데 말입니다. 성형외과 의사들에 따르면 인간의 얼굴 중에서 가장 중요한 기관은 코라고 합니다. 코는 사람의 인상을 결정짓는 중요한 부분이기 때문입니다. 또 얼굴 중심에 위치해 있을 뿐만 아니라 가장 넓은 면적을 차지하기 때문이기도 하지요. 그래서 코는 성형수술이 보편화된 오늘날 여성이 수술을 가장 많이 하는 부분이기도 합니다.

 파스칼은 "나로서는 무엇인지 잘 알 수 없는 것, 그 하찮은 것이 모든 땅덩어리와 황후들과 모든 군대와 온 세계를 흔들어 움직이는 것"이라고 말하고 있습니다. 여기에서는 두말할 나위 없이 '그 하찮은 것'이라는 구절에 무게가 실려 있습니다.

 그렇다면 파스칼이 하고 싶었던 말은 과연 무엇이었을까요? 만약 클레오파트라의 코가 조금만 낮았어도 그녀는

성격이 그렇게 강인하여 남성을 지배하지는 않았을 것입니다. 또 카이사르나 안토니우스 같은 남성과 결혼하지 않았더라면 로마의 역사는 달라졌을지도 모른다는 말입니다. 고대 로마가 서산마루에 뉘엿뉘엿 걸려 있을 무렵 로마의 역사뿐만 아니라 아마 지중해 세계의 판도가 꽤 달라졌을 것입니다. 물론 역사에는 가정법은 통하지 않는다고 합니다. 그러나 인류 역사를 돌이켜 보면 하찮게 보이는 조그마한 사건 하나가 도도하게 흐르는 역사의 물줄기를 다른 방향으로 돌려놓은 경우를 더러 보게 됩니다. 달나라에 로켓을 쏘아 올리는 지금 21세기에도 한 여성이 국제 정세와 판도에 크고 작은 영향을 끼치고 있는 것을 종종 볼 수 있습니다. 파스칼은 역사에서 일어날 수 있는 이러한 변수를 지적한 것입니다.

그리고 보니 파스칼은 클레오파트라의 신체적 특징이 아니라 성격적 특징을 언급한 것으로도 볼 수 있습니다. 취향이 고상하고 도도한 사람에게 "콧대가 높다"라는 말을 흔히 사용합니다. 얼굴 한가운데 놓여 있는 코는 자존심을 상징하는 신체 기관이기 때문입니다. 파스칼은 인간의 인상학이 아니라 역사의 인상학을 말하고 있습니다.

The whole course of history would have been changed by trifling things.

27
모나리자의 미소

Mona Lisa's Smile

프랑스 파리에 있는 루브르 박물관에는 해마다 줄잡아 6백만 명에 이르는 많은 방문객이 전 세계에서 찾아옵니다. 이 박물관에 소장되어 있는 많은 작품 중에서도 레오나르도 다빈치(Leonardo Da Vinci)의 그 유명한 작품 〈모나리자〉를 보려고 찾아오는 사람이 아주 많습니다. 다빈치가 이 작품을 처음 그리기 시작한 것은 1502년이었습니다. 미켈란젤로의 제자였던 조르지오 바사리(Giorgio Vasari)에 따르면 미완성 작품으로 남겨둔 지 4년이 지난 뒤에서야 비로소 다시 그리기 시작했다고 합니다. 그러니까 다빈치는 포플러나무 널빤지에 페인트로 그린 이 작품을 완성하는 데 무려 4년이나 보냈던 것입니다. 이 그림은 완성한 지 4백년 이상이 지났는데 아직도 뭇 사람에게 사랑을 받고 있습니다. 일반 그림도 아니고 이상야릇한 미소를 짓고 있는 한 여성을 그린 초상화인데도 그 동안 이렇게 사랑을 받아 온 것을 보면 명화임에는 틀림없습니다.

무성영화 시절부터 서부극의 영화배우로 신문 칼럼니스트와 라디오 진행자로도 인기가 있던 윌 로저스(Will Rogers)는 언젠가 이 〈모나리자〉 속의 여성이 그 동안 누려온 명성을 두고 그 특유의 유머로 이렇게 말한 적이 있습니다.

모나리자는 역사를 살아오면서 아직도 명성을 누리고 있는 유일한 미인이다.

Mona Lisa is the only beauty who went through history and retained her reputation.

이 명화를 좀 더 잘 이해하려면 작품의 이름을 자세히 살펴볼 필요가 있습니다. 〈모나리자〉에서 '모나(mona)'는 결혼한 여성 이름 앞에 붙이는 이탈리아어 경칭이고, '리자(Lisa)'는 초상화의 모델이 된 여인의 이름입니다. 영어나 프랑스어로는 '마담 리자', 한국어로는 '리자 여사'나 '리자 부인'쯤 되겠지요.

좀더 전문적인 미술 용어를 써서 설명한다면 이 작품은

'스푸마토(sfumato)'라는 기법을 사용하여 안개가 엷게 덮인 듯한 아련한 효과를 주고 있습니다. 구도는 이 무렵 가장 기본적인 초상화 구도였던 피라미드의 형태를 띠고 있습니다. 또한 인물을 배경보다 높이 배치하는 방식은 오늘날 화가들이 흔히 사용하는 방법이지만 르네상스 시대에는 보기 드문 방식이었다고 하지요. 〈모나리자〉가 균형 잡힌 것으로 보이는 것은 다빈치가 이 그림을 그리면서 '1대 1.6'의 황금 비율을 많이 사용하고 있기 때문입니다. 코와 눈썹의 길이를 비롯하여 턱과 코의 길이, 인중과 입술의 길이, 입술과 턱의 길이, 얼굴의 가로와 세로의 비율 등 하나같이 황금 비율을 사용하고 있습니다.

그런데 다빈치가 과연 누구를 모델로 삼아 〈모나리자〉를 그렸는지에 대해서는 학자들 사이에서 아직도 의견이 서로 엇갈리고 있습니다. 피렌체에서 평민 가정에서 태어나 열여섯 살 때 피렌체의 부호 프란체스코 디 바르토로메오

델 지오콘도(Francesco di Bartolomeo del Giocondo)와 결혼한 리사 마리아 게라르디니(Lisa Maria Gherardini)일 것이라는 이론이 지금까지 가장 설득력을 얻고 있습니다. 이 〈모나리자〉를 흔히 〈라 조콘다〉라고도 부르는 것은 바로 그 때문입니다. 그런데 이 말은 한국어로 '조콘도(Giocondo)의 부인'이라는 뜻입니다. 그녀의 자연스러운 미소를 그리려고 다빈치는 악사들과 광대들까지 동원했다는 일화도 있습니다. 다른 한편에서는 다빈치가 자신의 자화상을 여성화시켜 그린 것일 뿐 어떤 특정한 여성을 모델로 삼아 그린 작품이 아니라고 주장하는 학자도 있습니다.

그런데 이 작품에서는 무엇보다도 눈썹이 그려져 있지 않다는 사실이 눈에 띕니다. 이것에 대해서도 이 무렵에는 여성들 사이에서 눈썹을 뽑는 것이 유행했기 때문이라고 주장하는 학자가 있는가 하면, 아직 미완성 작품이기 때문에 미처 눈썹을 그리지 않았다고 주장하는 학자가 있습니다. 그런가 하면 이 그림을 오랫동안 연구 해 온 프랑스 엔지니어 파스칼 코트(Pascal Cotte)는 모나리자 눈썹이 복원하는 과정에서 지워졌을 뿐이라며 "모나리자의 눈 주위를 자세히 살펴보면 미세한 금들을 볼 수 있는데, 이것은 큐레이터나 그림 복원가가 눈 부위를 부주의하게 닦았다는 증거로 볼 수 있다"고 주장하여 관심을 끌기도 했습니다. 2007

년 8월에는 다빈치가 그린 이 그림의 초안이 공개되어 화제가 되기도 했습니다. 이 초안의 밑그림에는 원래 손이 포개지지 않은 상태였던 것으로 드러났습니다.

그러나 〈모나리자〉에서 가장 눈길을 끄는 것은 뭐니 뭐니 해도 그녀가 짓고 있는 그 이상야릇한 미소입니다. 그동안 많은 사람이 이 신비스러운 미소 뒤에 숨어 있는 미스터리를 풀려고 무척 애를 썼지만 아직껏 뾰족한 답을 찾지 못했습니다. 1852년에는 뤼크 마스페로(Luc Maspero)라는 프랑스 화가가 파리의 호텔 4층 방에서 뛰어내려 자살을 했습니다. 그가 남긴 유서에는 지난 몇 해에 걸쳐 그 수수께끼 같은 모나리자 미소의 의미를 풀려고 애썼지만 실패로 돌아갔기 때문에 결국 죽음이라는 방법을 택할 수밖에 없었다고 적혀 있었습니다. 지금도 해마다 수많은 사람이 루브르 박물관에 몰려가는 이유 중의 하나도 아마 그 수수께끼를 풀어 보려는 것이 아닐까요?

지금도 "모나리자의 미소"라고 하면 신비스러운 어떤 것, 아무리 머리를 짜내도 좀처럼 풀리지 않는 수수께끼 같은 것을 뜻합니다. 어찌 보면 친근하게 미소 짓는 것 같기도 하면서도 또 어떻게 보면 비웃는 것 같기도 합니다. 또 젊은 남성들에게는 성적으로 유혹하는 듯한 미소처럼 보일지도 모릅니다. 바로 여기에 모나리자 미소가 간직하고 있는 수수께끼 같은 비밀이 숨어 있습니다.

Mona Lisa's Smile refers to the most enigmatic things whose meanings of which one cannot comprehend with ease.

28
카노사의 굴욕

L'umiliazione di Canossa
(Canossa's Humiliation)

요즈음에도 정치와 교회, 정권과 교권이 가끔 충돌하는 모습을 볼 수 있습니다. 최근 정부가 '수쿠크(Sukuk)'로 일컫는 이슬람 채권에 면세 혜택을 주는 내용의 세제 개편안을 발표하면서 일부 개신교 교회의 반발이 만만치 않습니다. 정부에서는 비교적 저렴한 이자로 외화 자금을 유치하기 위해서는 이를 추진하여야 한다는 입장인 반면, 교회에서는 이슬람 채권으로 벌어들인 이익금이 테러 자금으로 유입될 수 있기 때문에 절대로 찬성할 수 없다는 논리입니다.

중세기 서양에서 교권과 정권은 지금보다 훨씬 더 첨예하게 대립되었습니다. 교회의 성직자 임명권인 서임권(敍任權)을 둘러싸고 교황과 황제가 갈등을 일으키기 일쑤였습니다. 이러한 갈등 중에서도 신성로마제국 황제와 로마 교황의 대립은 가장 대표적인 예라고 할 수 있습니다. 개혁적 성향을 지닌 교황 그레고리우스(Gregorius VII)는 재임 초기부터 강력한 교회 개혁과 쇄신 운동을 펼쳤습니다. 지금까지 세속의 군주가 관습적으로 행사하고 있던 성직자 임명권을 다시 교회로 가져오려고 시도했습니다.

이 무렵 신성로마제국의 황제였던 하인리히 4세(Heinrich IV)는 교황의 이러한 시도를 달갑지 않게 생각했습니다. 황제는 그레고리우스 교황을 두고 '못된 수도사'니 '굶주린 늑대'니 하고 비난의 화살을 퍼부었습니다. 그러자 교황은 그를 파문하고 황제를 도와주는 귀족이나 사제도 파문한다고 으름장을 놓았습니다. 하인리히 황제는 계속 저항하려고 했지만 이미 독일 귀족 몇 명이 그에게서 등을 돌린 채 새로운 황제를 추대할 움직임을 보였습니다. 이미 반란이 일어나고 있었기 때문에 하인리히 황제는 어쩔 수 없이 교황에게 화해의 손길을 내밀 수밖에 없었습니다.

1076년 한겨울 교황 그레고리우스 7세는 하인리히 황제가 독일을 떠나 이탈리아로 오고 있다는 소식을 전해 들었습니다. 그는 황제가 자신을 몰아내려고 오는 것으로 알고

두려워하고 있었습니다. 그런데 바로 이때 토스카나 지방의 카노사 성주(城主)인 백작부인 마틸데(Matilde)가 교황을 자신의 성으로 초청하여 하인리히의 공격에 대비한 피난처로 삼게 하고 자신의 성채에 머물게 했습니다. 마틸데는 서임권 분쟁 때 교황을 열렬히 지지한 교황의 절친한 동맹자였습니다.

그러나 하인리히 4세가 이탈리아로 떠난 것은 황제의 자격으로 교황과 맞서려는 것이 아니라 어디까지나 고해자로서 교황의 자비를 구하려는 것이었습니다. 수도사들이 입는 거친 옷과 신발을 신지 않은 맨발로 1077년 1월 그는 마침내 교황이 머물고 있는 카노사 성문 앞에 도착했습니다. 그레고리우스 교황은 하인리히 황제를 성 안으로 들어오지 못하게 했습니다. 황제는 계속 성문 앞에서 추위에 떨며 고해복을 입고 금식을 하면서 교황의 허가를 기다렸습니다. 우리 식으로 말하자면 석고대죄(席藁待罪)를 한 셈이었습니다. 교황은 하인리히 황제를 용서하기 싫었지만 이 무렵 성에 있던 마틸데와 클뤼니 수도원의 대수도원장 후고(Hugo)가 교황에게 선처를 호소했습니다. 마침내 사흘 뒤 교황은 황제를 성 안으로 들어오도록 허락했습니다. 전해오는 이야기에 따르면 하인리히 황제는 무릎을 꿇고 교황에게 빌었다고 합니다. 그 날 밤 하인리히 황제는 마틸데와 함께 교황이 집전하는 미사에 참석함으로써 하인리히에 대한 교황의 파문은 종결되었습니다.

파문이 취소되자 하인리히 황제는 곧바로 자신의 제국으로 돌아갔습니다. 이렇게 카노사에서 받은 굴욕적 사건 이후 하인리히는 교황의 사면을 받았지만 자신의 권력까지 복권 받은 것은 아니었습니다. 독일 제후들은 라인펠트의 루돌프(Rudolf)를 황제로 추대했고, 하인리히는 루돌프를 상대로 내전에 돌입했습니다. 교황 그레고리우스는 양쪽의 중재자 노릇을 했지만 양쪽 모두에게서 비난을 받았습니다. 1080년 교황은 다시 한 번 하인리히를 파문하고 폐위를 선언했습니다. 그러나 내전을 승리로 이끈 하인리히 황제는 이탈리아로 쳐들어가 마침내 오랜 숙적인 그레고리우스 7세를 로마에서 쫓아내고 클레멘스 3세(Clemente III)를 새 교황으로 추대했습니다.

이 역사적 사건으로 이탈리아의 작은 도시 카노사는 유럽 전역에 그 이름이 널리 알려지게 되었습니다. 이 도시

이름은 세속적 왕권(정치)이 교회 권력(종교)에 무릎을 꿇은 굴욕이나 치욕의 상징이 되다시피 했습니다. 요즘에는 종교적 의미나 정치적 의미를 떠나 일반적으로 굴복·복종·항복 따위를 가리키는 말로 자주 씁니다.

1871년 독일에서 프로이센의 오토 폰 비스마르크(Otto von Bismarck)가 독일의 로마 가톨릭교회 세력에 맞서 이른바 '문화 투쟁(Kulturkampf)'을 벌이고 있을 때였습니다. 비록 완강한 저항에 부딪쳐 실패로 돌아갔지만 그는 이 투쟁을 전개할 무렵 이렇게 부르짖었습니다.

> 걱정하지 마십시오, 우리는 카노사로 가지 않습니다. 몸도 마음도 말입니다!
>
> Seien sie außer Sorge, nach Canossa gehen wir nicht — weder kötperlich noch geistig!
> (Do not worry. We will not go to Canossa — neither in body nor in spirit!)

비스마르크의 이 말은 바로 하인리히 4세가 카노사에서 교황한테 당한 굴욕 사건을 빗대어 말한 것입니다. 즉 독일은 로마 교황청을 비롯한 어떤 외세에도 굴복하지 않고 종교적으로나 문화적으로 독자적인 길을 걸을 것이라고 천명하는 선언이었습니다.

Canossa's Humiliatioin or Going to Canossa means doing penance, often with the connotation that it is unwilling or coerced.

29
과인은 영국과 결혼했노라
I'm married to England

요즈음 우리나라에서 신혼부부들이 아이를 잘 낳지 않으려고 하여 사회 문제가 되고 있습니다. 출산율이 경제협력개발기구(OECD)에 속한 국가의 평균 수준에도 크게 미치지 못한다고 합니다. 더구나 우리나라에서 저출산율 현상은 급격히 진행되고 있는 고령화 현상과 맞물려 있어 여간 심각한 사회 문제가 아닙니다. 정부에서도 출산율을 높이려고 여러모로 연구를 하고 있지만 제대로 실효를 거두지 못하고 있는 듯합니다.

영국 여왕 엘리자베스 1세(Elizabeth I)는 평생 동안 결혼을 하지 않고 독신으로 살려고 한 것으로 유명합니다. 그녀는 1558년부터 1603년까지 무려 44년 동안이나 잉글랜드 왕국과 아일랜드 왕국을 다스린 여왕이었습니다. 본명이 엘리자베스 튜더(Elizabeth Tudor)인 그녀는 열강들의 위협, 급격한 인플레이션, 종교 전쟁 등으로 혼란스럽기 그지없던 영국을 세계 최대의 제국으로 끌어올리는 데 그야말로 견인차 역할을 했습니다. 엘리자베스 여왕은 평생 동안 독신으로 지냈기 때문에 '처녀 여왕(Virgin Queen)'이라는 별명이 언제나 꼬리표처럼 붙어 다녔습니다.

엘리자베스 여왕이 이렇게 독신주의를 고집한 데는 그럴 만한 까닭이 있었습니다. 어린 시절에 어머니와 계모가 아버지 헨리 8세에게 억울하게 간통과 반역죄 누명을 쓰고 처형당해 충격을 받았기 때문이었습니다. 엘리자베스는 헨리 8세와 앤 볼린(Anne Boleyn) 사이에서 태어난 유일한 자녀로 어머니는 왕자를 낳지 못했고, 엘리자베스가 태어난 지 3년도 채 안 되어 불행하게도 사형을 당했습니다. 또 엘리자베스에게 처음으로 청혼한 시모어(Seymour) 제독이 정부의 허가 없이 공주에게 청혼했다는 죄목으로 처형당한 사건도 큰 심리적 외상(外傷)이 되어 그녀가 독신주의를 고집하는 데 한몫 했습니다.

이복 남동생의 뒤를 이어 잉글랜드 왕국의 여왕이 된 이복 언니인 메리 1세(Mary I)의 재위 기간 동안 성공회에 대한 탄압을 피하여 로마 가톨릭교회 신도로 위장해야 했으며, 때로는 죄수로 몰려 런던탑에 갇히기도 했습니다.

 1558년 11월 메리 1세가 병으로 사망하자 엘리자베스가 국민들의 대대적인 환영을 받으며 런던에 입성하여 스물다섯 살의 젊은 나이로 영국 여왕으로 즉위했습니다.

 엘리자베스 여왕은 개신 교회와 로마 가톨릭교회 사이의 극단적 대립을 피하는 중용 노선을 걸음으로써 종교 문제로 혼란스러웠던 사회를 바로잡았습니다. 또 추밀원(樞密院)을 중심으로 유능한 정치가들을 등용하여 산업을 장려하고 가난한 농민을 위하여 구빈법을 제정했습니다. 또 엘리자베스 여왕은 민중의 소리를 즐겨 듣고 애민 정치를 펼쳤습니다.

 더구나 엘리자베스 여왕은 문화에도 깊은 관심을 기울여 이 무렵 영국을 문화적으로도 활짝 꽃을 피우게 하는 데도 게을리 하지 않았습니다. 윌리엄 셰익스피어(William Shakespeare) 같은 문학가를 비롯하여 프랜시스 베이컨(Francis Bacon) 같은 철학자들이 눈부시게 활약한 것도 바로 이 무렵이었습니다. 또 대외적으로 스페인 무적함대 '아르마다(Armada)'를 격파하여 영국 해군력을 굳건한 반열에 올려놓은 것도 다름 아닌 엘리자베스 여왕이었습니다. 그래서 "대영 제국에는 해질 날이 없다"는 말이 나올 정도로 이 무렵 영국은 참으로 대단한 나라로 발돋움했습니다.

엘리자베스 여왕은 독신으로 살았지만 평생 동안 결혼 문제에 시달려야 했습니다. 영국 왕국을 계승할 후계자를 낳아야 하는 책임까지 있어 결혼은 더더욱 절실한 문제였습니다. 이 무렵은 유럽의 여러 나라 왕가가 서로 정략적으로 결혼하는 것이 관례였기 때문에 그녀한테도 많은 구혼자가 나타났습니다. 유럽뿐만 아니라 영국 안에서도 군주로서 그녀를 좋아했을 뿐만 아니라 한 여성으로서도 그녀를 좋아하는 남성들이 있었습니다. 가령 월터 롤리(Walter Raleigh)는 청년 시절 여왕이 진흙길을 걷게 되자 새로 해 입은 망토를 벗어 길에 깔고 그녀가 지나가도록 할 정도였습니다. 그러나 결혼 이야기가 나오면 엘리자베스 여왕은 언제나 이렇게 말하기 일쑤였습니다.

> 만약 과인의 성격대로 따른다면 과인은 이렇게 할 것이오.
> 여왕으로 결혼하느니 차라리 거지로 독신으로 남겠다고.
>
> If I followed the inclination of my nature, it is this :
> beggar woman and single, far rather than queen and
> married.

또 남성이 자신에게 관심을 보일 때면 으레 엘리자베스 여왕은 입버릇처럼 "과인(寡人)은 영국과 결혼했노라"고 말하는 것이었습니다. 한 번은 레스터 백작 로버트 더들리 (Robert Dudley)가 엘리자베스 여왕에게 결혼 문제를 꺼내자 "과인은 오직 여주인 한 사람으로 족할 뿐 남주인을 섬기지 않겠노라"고 대답했습니다.

그래서 "과인은 영국과 결혼했노라"는 말은 요즈음 젊은 사람들이 자주 패러디하는 표현이 되었습니다. 어떤 일에 푹 빠지거나 전념할 때 비유적 표현으로 이 말을 씁니다. 가령 예술가들은 걸핏하면 "나는 예술과 결혼했노라"고 말합니다. 고전음악에 재미를 붙인 가정주부는 "나 고전음악과 결혼했어" 하고 말하는가 하면, 컴퓨터 게임에 푹 빠진 학생은 "나는 컴퓨터 게임과 결혼했어"하고 말하기도 합니다.

When people say "I'm married to something," what they mean is that they devote themselves to something very important.

30
콜롬보의 달걀
An Egg of Columbus

이 세상에서 가장 합리적이고 경제적인 모양은 둥근 원(圓)이라고 합니다. 원은 가장 작은 재료로 가장 넓은 면적을 확보할 수 있는, 말하자면 경제 원칙에 가장 잘 들어맞는 모양입니다. 또 외부의 충격에 가장 잘 견딜 수 있는 것도 바로 원입니다. 물방울이 동그란 것은 가장 큰 응집력으로 버티기 위한 것이고, 고슴도치가 다른 동물한테서 공격을 받을 때 공 모양으로 움츠리는 것도 공격자한테 받을 수 있는 피해 면적을 최소한으로 줄이기 위해서입니다.

그렇다면 달걀은 하필이면 왜 공처럼 정원(正圓)도 아니고 정타원(正楕圓)도 아닌 조금 비뚤어진 타원형일까요? 두말할 나위 없이 달걀에게는 정타원형에서 약간 빗나간 모습이 안전을 지키는 데 그야말로 최적의 구조이기 때문입니다. 요즈음에는 집에서 양계를 하지만 아주 먼 옛날에 닭은 야생에서 살았습니다. 들판이나 산에서 암탉이 달걀을 낳아 품을 만한 장소로 그렇게 평평한 곳은 별로 없었을 것입니다. 자칫 하다가는 달걀들이 경사면을 타고 떼굴떼굴 굴러갈 것이고, 그렇게 되면 닭으로서는 그것들을 다시 제자리로 옮겨놓기가 쉽지 않을 것입니다. 한마디로 달걀이 조금 비뚤어진 타원형 모습을 하고 있는 것은 어디까지나 자신의 후손을 잇기 위한 수단입니다.

달걀에 대해 이렇게 조금 장황하다 싶게 이야기를 늘어놓은 것은 달걀과 관련한 일화를 꺼내기 위해서입니다. 달걀 하면 마치 종소리를 듣고 침을 흘리는 파블로프의 개처럼 반사적으로 크리스토퍼 콜럼버스(Christopher Columbus)를 생각하게 됩니다. 흔히 이 이탈리아 탐험가는 우리에게 영어 이름으로 널리 알려져 있지만 실제 이름은 '크리스토포로 콜롬보(Cristoforo Colombo)'입니다. 우리도 이제부터라도 '콜럼버스'가 아니라 '콜롬보'라고 불러야 합니다. 한때 텔레비전에서 인기를 끈 적이 있는 추리 드라마 〈형사 콜롬보〉의 그 주인공과 이름이 똑같습니다. 언제나 후줄근한 바바리코트를 입고 있는 형사 콜롬보도 탐험가 콜롬보처럼 이탈리아 출신입니다. 또 스페인인들은 자기들대로 탐험가를 '크리스토발 콜론(Cristóbal Colón)'이라고 부르지요.

콜롬보는 본디 이탈리아 제노바 출신의 탐험가이자 항해가였습니다. 그러나 스페인 이사벨라(Isabella) 여왕의 재정적 후원으로 탐험에 나섰습니다. 아메리카 대륙을 발견하고 돌아온 콜롬보는 국민들로부터 거족적인 환영을 받았습니다. 반면 그의 인기를 시샘하여 "신대륙을 발견했다 하여 야단스럽게 떠들 것 없어. 배를 타고 서쪽으로 가기만 하면 되는 게 아닌가?"하고 비꼬는 사람들도 적지 않았습니다. 요즈음에는 콜롬보가 신대륙에 도착한 것이 '발견'이 아니라 '침략'이었다고 주장하는 수정주의 역사가들도 있습니다. 그가 발을 딛기 전 이미 오래 전부터 신대륙에는 원주민들이 살고 있었기 때문이지요.

이탈리아의 역사가요 여행가인 지롤라모 벤초니(Girolamo Benzoni)는 『신세계의 역사』(1565)라는 책에서 이러한 일화를 소개하고 있습니다. 추기경이 주최한 어느 연회에 참석한 콜롬보는 사람들이 신대륙 '발견'에 대해 비꼬자 잠자코 테이블 위에 놓인 달걀 하나를 집어 들더니 사람들에게 그것을 세워 보라고 했습니다. 좌중의 사람들은 저마다 달걀을 세우려 애썼지만 아무도 세우지 못했습니다. 그러자 콜롬보는 달걀의 한 쪽 끝을 테이블 위에 대고 가볍게 쳐서 평평하게 만들어 세웠습니다. 이 모습을 지켜보고 있던 사람들은 하나같이 "나도 그렇게 할 수 있어"하고 소리쳤지요. 그러자 콜롬보는 "물론 누구나 할 수 있는 일입니다. 하지만 여러분들은 아무도 이런 방법을 생각해내지 못했지만 나는 생각해냈소. 신대륙의 발견도 이와 마찬가집니다. 누가 먼저 생각해내느냐가 중요한 것이지요"하고 말했습니다. 그 뒤로는 아무도 콜롬보를 전처럼 비웃지 않았다고 합니다.

그러나 달걀을 깨뜨려 똑바로 세웠다는 일화는 콜롬보 이전에도 전해오고 있었습니다. 르네상스 시대 미술사가인 조르지스 바자리(Giorgis Vasari)는 『이탈리아 르네상스 미술가 열전』(1550)에서 필립포 브루넬레스코(Filippo Brunellesco)라는 건축가에 얽힌 일화 한 토막을 소개하고 있습니

다. 15세기 초엽 브루넬레스코는 피렌체 성당의 돔 건설과 관련한 논쟁에서 사람들에게 달걀 끝을 대리석 위에 깨뜨려 세워 보였다는 것입니다.

유대인 학살의 원흉인 아돌프 히틀러(Adolf Hitler)는 콜롬보와 관련한 이 일화를 이렇게 비틀어 사용한 적이 있습니다. 역시 뛰어난 웅변가다운 솜씨입니다.

> 콜롬보의 달걀은 우리 주위에 수백 개 수천 개 놓여 있지만 콜롬보 같은 사람들은 좀처럼 찾아보기 드물다.
>
> Columbus's eggs lie around by the hundreds of thousands, but Columbuses are met with less frequency.

요즈음 "콜롬보의 달걀"이라는 표현은 흔히 개척 정신을 일컫는 말로 자주 쓰입니다. 또는 새로운 발상의 전환을 뜻하기도 합니다. 너무 쉽고 단순하여 답을 찾지 못하는 경우가 생각보다 많습니다. 콜롬보는 진리가 먼 곳에 있지 않고 바로 눈앞에 있다는 사실을 웅변적으로 말해 줍니다. 그가 살았을 무렵 대다수 사람들은 지구가 평평해서 계속 항해하다 보면 세계의 끝에 도달하고 그곳에서 끝없는 절벽으로 떨어진다고 믿고 있었습니다. 그러나 콜롬보는 "지구는 둥글다"고 굳게 믿었고, 자신의 믿음에 따라 고난과 역경을 딛고 신대륙을 '발견'했던 것입니다. 물론 그는 죽을 때까지 자신이 '발견한' 그 땅이 동양의 인도의 일부라고 믿고 있었습니다. 그래서 미국에 살고 있는 원주민을 인디언, 즉 인도사람이라고 잘못 불렀던 것입니다.

An egg of Columbus, or Columbus' egg, refers to a brilliant idea or discovery that seems simple or easy after the fact.

31
나 이 자리에 서 있나이다

Here I stand

동양 속담에 '돈이면 귀신도 부린다(事鬼神)'는 말이 있고, 서양 속담에도 "돈이면 말(馬)도 움직이게 할 수 있다"는 말이 있습니다. 그 만큼 돈이 우리 삶에서 차지하는 몫이 무척 크다는 말입니다. 서양 중세기의 가톨릭교회에서는 신도들에게 돈을 받고 죄를 사면해 주는 일까지 있었습니다. 이렇게 면죄부(免罪符)를 파는 행위는 중세라는 암흑의 터널을 지나 '빛의 시대'라는 르네상스 시대에 이르러서도 여전히 계속되었습니다. 최근 종합 일간지의 종교개혁 500주년 관련 보도를 보면 이 '면죄부'란 용어에 대해 한국 천주교 주교회의에서는 이 용어가 가톨릭교회에 대한 부정적 이미지를 심어준다는 이유로 '면벌부(免罰符)'라는 용어로 바꾸어 사용해야 한다고 요구하기도 했습니다.

면죄부 또는 면벌부는 로마 가톨릭교회의 일곱 성사(聖事) 가운데 하나인 고해성사와 깊이 연관되어 있습니다. 사제는 통회하는 고해자가 죄를 고백하는 것을 듣고 죄를 사면한 뒤 죄책에 대한 보속(補贖)으로 순교, 시편 낭송, 특별 기도 등의 행위를 하게 했고, 면죄부는 이러한 보속을 면해 주는 증서였습니다. 그런데 우리 속담에 '염불에는 마음이 없고 잿밥에만 마음이 있다'는 말이 있듯이, 면죄부가 로마 가톨릭교회의 주요 수입원이 되면서 교회에서는 면죄부를 파는 일에 더욱 열을 올렸습니다. 실제로 면죄부 판매를 위임받은 도미니크 수도회 수도사 요한 테첼(Johann Tetzel)은 "금화가 헌금함에 떨어지며 소리를 내는 순간 영혼은 연옥을 벗어나 하늘나라를 향해 올라가리라"고 신자들을 기만했던 것입니다. 물론 교회의 이러한 기만적 행위에는 중세 교회의 신자들이 하느님에게 자신들의 잘못을 뉘우치는 진지한 신앙생활보다는 면죄부를 구입함으로써 쉽게 죄 의식에서 벗어나려는 신앙생활 태도 탓도 한몫을 했습니다.

그런데 로마 가톨릭교회의 강제적인 면죄부 판매는 마르틴 루터(Martin Luther)의 신앙적 양심을 뿌리째 흔들어 놓았습니다. 그는 돈으로 구원을 살 수 있다는 로마 가톨릭교회의 가르침에 따를 수도, 그렇다고 침묵을 지킬 수도 없었

습니다. 루터는 자신이 돌보고 있는 신자들에 대한 목회적 양심과 책임에 따라 여러 설교에서 면죄부 판매를 비판하기 시작했습니다. 그러나 가톨릭교회에서 이러한 관행을 조금도 고치려는 기미가 보이지 않자 마침내 그는 1517년 10월 비텐베르크 성(城)의 교회 문 앞에 '95개 논제'를 내걸음으로써 기존 교회와의 본격적인 논쟁에 들어가게 됩니다. 루터의 이러한 행동은 종교 개혁에 처음 불을 댕긴 역사적 사건으로 기록되고 있습니다. 이 반박문은 곧 인쇄되어 마치 천사들의 전령처럼 순식간에 독일은 말할 것도 없고 전 유럽으로 산불처럼 퍼져나갔습니다.

좀 더 신학적 측면에서 보면 루터의 행동은 성서 해석에 뿌리를 두고 있습니다. 지금까지 가톨릭교회에서는 신약성서 「야고보서」에 기록된 내용 그대로 이행칭의(以行稱義), 즉 행동으로써 의롭게 된다고 굳게 믿고 있었습니다. 그러나 루터는 이와는 달리 「로마서」의 내용을 받아들여 이신칭의(以信稱義), 즉 믿음으로써 의롭게 된다고 생각했습니다. 다시 말해서 그는 오직 신앙과 하나님의 은총의 힘으로

써만 죄에서 구원받을 수 있을 뿐 선행 같은 행동을 통해 구원받지 않는다고 생각했습니다. 루터의 주장을 세 마디로 요약한다면 "믿음만으로, 은총만으로, 성서만으로!"가 될 것입니다.

루터가 발표한 95개 반박문 중에서 제27조는 바로 요한 테첼의 주장을 반박하는 것이었습니다. 돈이 아무리 달그랑 소리를 내며 헌금함에 떨어져도 영혼이 연옥에서 천당으로 옮겨가지 않는다고 지적했습니다. 또 제68조에서는 면죄부가 그리스도의 십자가에 나타난 자비에 비할 바가 아님을 천명했습니다. 그런가 하면 마지막 논제인 제95조에서 루터는 그리스도인은 면죄부와 같은 행위가 아니라 오히려 많은 고난을 통해 하늘나라에 들어간다고 결론 내렸습니다.

루터는 이 일로 온갖 협박과 회유를 받았습니다. 교황은 교황대로, 황제는 황제대로 그에게 이러한 신학적 입장을 철회할 것을 명령했습니다. 그런데도 루터는 끝까지 자신의 주장을 굽히지 않고 단호하게 맞섰습니다. 루터는 교황보다 공의회가 더 높으며, 모든 인간은 오류를 범할 수 있기 때문에 기독교 신앙의 최종적인 권위는 교회가 아닌 성서에 있다고 반박했습니다. 결국 루터는 로마 가톨릭교회로부터 이단 선고를 받고 파문을 당하기에 이르렀습니다.

이번에는 신성로마제국 황제 카를 5세(Karl V)가 나서서 루터를 설득하려고 했지만 역시 루터는 완강하게 버텼습니다. 그는 황제 앞에서 담대하게 이렇게 말했습니다.

> 나는 아무것도 철회할 수 없고, 또 그럴 생각도 없습니다. 양심에 어긋나게 행동하는 것은 옳지도 않고 안전하지도 않은 일이기 때문입니다. 저는 지금 이 자리에 서 있나이다. 달리 어떻게 할 수가 없나이다. 하나님이여, 이 몸을 도우소서. 아멘!
>
> I cannot and I will not recant anything, for to go against conscience is neither right nor safe. Here I stand ; I can do no other. God help me. Amen!

물론 이 말은 루터가 이신칭의 신학과 직접 관련하여 한 말은 아닙니다. 황제 앞 책상 위에 놓여 있는 자신의 책을 두고 한 말입니다. 좀 더 정확히 말하면 루터는 그 책들에 기술한 내용을 철회할 수 없다는 말입니다. 어찌 되었든 "지금 이 자리에 서 있나이다"는 양심에 어긋나는 행동은 할 수 없다는 선언문이고, 지금도 그러한 입장을 천명하는 말로 자주 사용합니다.

It is neither safe nor wise to do anything against conscience.

32
유토피아
Utopia

이 세상에는 지도나 GPS(위성위치 확인 시스템)로도 찾아갈 수 없는 곳이 있습니다. 바로 무릉도원(武陵桃源)입니다. 중국 육조시대(六朝時代) 동진(東晉)의 시인 도연명(陶淵明)이 지은 「도화원기(桃花源記)」에 따르면 어떤 어부가 배를 타고 강을 따라 가면서 낚시를 하다가 한 언덕을 발견합니다. 복숭아나무 꽃이 한껏 피어 있는 언덕을 따라 들어가 보니 그 속에는 넓은 초원이 나타나고 그곳에서는 사람들이 여유롭게 시간을 즐기고 있었습니다. 어부는 그곳 사람들의 만류를 뿌리치고 집으로 돌아가지만 아내는 이미 죽은 지 오래고 아들은 자신보다 더 늙어 있었습니다. 그 언덕에서의 삶이 너무 행복하여 시간 가는 줄도 모르고 있었던 것입니다. 어부는 다시 그 언덕을 찾아가지만 이미 그 언덕을 찾을 수 없었습니다. 이렇듯 무릉도원이란 도가(道家)에서 흔히 말하는 속세를 떠난 이상향을 말합니다.

서양에서 무릉도원에 해당하는 곳이 바로 "유토피아"입니다. 영국의 사상가 토머스 모어(Thomas More)가 16세기 초엽에 만들어낸 말로 라틴어로 쓴 저서 『유토피아』(1516)에서 유래되었습니다. 그는 이상향이라고 할 상상의 섬에 "유토피아"라는 이름을 붙였습니다. 그런데 이 "유토피아"라는 말은 그리스어 'outopos'에서 왔습니다. 이 그리스어는 'ou(없다)'라는 말과 'topos(장소)'라는 말이 결합하여 만들어진 말입니다. "이 세상 어디에도 없는 장소"라는 뜻이지요. 그러므로 유토피아란 현실 세계에서는 결코 존재하지 않는 이상적인 사회를 일컫는 말입니다. 이렇게 유토피아를 건설할 수 있다고 믿는 신념이나 태도를 '유토피아주의(utopianism)', 즉 공상적 이상주의라고 합니다.

유토피아는 한편으로는 중세적 사회 질서에서 근대적

사회 질서로 옮아가는 과도기에 사회 모순에 대한 반성에서 비롯하고, 다른 한편으로는 근세 과학기술 문명의 미래에 대한 기대감에서 비롯했습니다. 유토피아에 대한 비전은 18세기와 19세기에 이르러 앙리 드 생시몽(Henri de Saint-Simon), 샤를 푸리에(Charles Fourier), 로버트 오언(Robert Owen) 등이 부르짖은 이상 사회의 계획으로 이어지고 있지요. 계급 없는 이상 사회를 건설하려는 원대한 꿈을 품은 공산주의나 사회주의도 궁극적으로는 유토피아주의와 깊이 맞닿아 있습니다.

그런데 토머스 모어가 상정한 이 유토피아는 동양의 무릉도원과는 성격이 조금 다릅니다. 무릉도원이 시간과 공간이 완전히 단절된 인간의 관념 속에나 존재한다면, 유토피아는 이상 세계를 꿈꾸면서도 여전히 현실 세계와 맺고 있는 끈을 완전히 놓지 않습니다. 천상의 이상 사회를 꿈꾸되 그 꿈은 어디까지나 누추한 현실 세계에 뿌리를 두고 있습니다. 다시 말해서 유토피아에는 단순히 현실 도피처 이상의 의미가 담겨 있습니다.

토머스 모어가 『유토피아』에서 묘사하고 있는 이상 사회의 모습 중에서도 주민들의 경제생활은 우리의 관심을 끌기에 충분합니다. 이 상상의 섬에는 10만 명에 이르는 주민들이 살고 있습니다. 그런데 이 섬에서는 통용되는 화폐가 없습니다. 주민들은 저마다 시장에 가서 자기에게 필요한 만큼 물건을 가져다 쓰면 됩니다. 집들은 모두 똑같고 문에는 자물쇠가 없습니다. 주민들은 누구나 타성에 젖지 않도록 10년마다 이사를 하도록 되어 있습니다. 누구나 일을 해야 하기 때문에 하루 노동 시간을 여섯 시간으로 줄일 수 있지요. 먼저 세 시간 일을 하고 식당에서 점심을 먹은 뒤 다시 세 시간 일을 합니다. 일을 한 다음에는 오늘날의 문화센터 비슷한 곳에 가서 강좌를 들으며 교양을 쌓습니다.

더구나 유토피아 사람들은 귀금속 금은에 대해 별다른 가치를 부여하지 않습니다. 금은은 그 용도에서 쇠보다 훨씬 못하다는 것을 누구나 잘 알고 있습니다. 그도 그럴 것이 물이나 공기 없이는 살 수 없는 것처럼 쇠 없이는 살 수 없기 때문입니다. 금이 귀한 것은 다름 아닌 그 희소성 때문입니다. 희소하다고 값이 나가는 것은 아닙니다. 금은을 아주 소중히 여기는 현대인들과는 달리 유토피아 주민들은 요강 같은 천한 용기들을 모조리 금은으로 만들어 씁니다. 노예들을 묶어 두는 사슬이나 족쇄도 모두 금은으로 만듭니다. 한마디로 그들은 금은을 불명예의 상징으로 만들어 버립니다. 그러므로 유토피아 주민들은 금은을 잃어버려도 조금도 아까워하지 않습니다.

한마디로 모아는 "유토피아"에서 사유 재산의 부정, 계획적인 생산과 소비, 인구 배분의 합리화, 사회적 노동의 계획화, 노동 조건의 개선, 소비의 사회화가 실현되는 새로운 사회 실현을 꿈꾸고 있었습니다. 이러한 이상 사회는 비록 쉽게 이룰 수는 없어도 누구나 가슴 속에 품고 있을 수밖에 없는 꿈입니다. 이 꿈마저 없다면 인간의 삶은 얼마나 삭막하고 황량할까요?

아일랜드에서 태어나 영국에서 활동한 극작가요 소설가인 오스카 와일드(Oscar Wilde)는 언젠가 이렇게 말한 적이 있습니다.

> 유토피아를 포함하고 있지 않은 이 세계의 지도는 흘긋 쳐다볼 가치조차 없다. 인류가 언제나 도착하고 있는 한 나라를 생략하고 있기 때문이다.

A map of the world that does not include Utopia is not worth even glancing at, for it leaves out the one country at which Humanity is always landing.

와일드는 19세기 후반기에 활약한 작가입니다. 21세기 문턱에 들어선 지도 벌써 10년이나 지난 지금도 그의 말은 가슴에 와 닿습니다. 오늘날도 지구촌 곳곳에서는 이러한 이상 사회에 대한 꿈을 버리지 못한 채 지상낙원을 좇는 사람들이 적지 않습니다. 현실이 각박하면 각박할수록 이상 사회에 대한 꿈은 그만큼 더 커지는 법입니다. 물론 영국의 두 작가 조지 오웰(George Owell)과 올더스 헉슬리(Aldous Huxley)처럼 '디스토피아(dystopia)', 즉 역(逆)유토피아를 제시하는 사람도 없지 않습니다.

Utopia often refers to an ideally perfect place, especially in its social, political, and moral aspects.

33
파뉘르주의 양떼

Les Moutons de Panurge

동양이나 서양에서 의사로서 작가가 된 사람이 한둘이 아니지만 그 중에서 프랑스 작가 프랑수아 라블레(François Rabelais)를 빼놓을 수 없습니다. 프랑스의 시농 근교에서 출생한 그는 프란체스코파와 베네딕트파의 수도원에 들어가 고전학을 공부한 뒤 여러 대학을 다니며 의학을 공부했습니다. 특히 '의학의 아버지'로 일컫는 히포크라테스(Hippocrates)의 저서를 연구하여 꽤 이름을 날렸습니다. 1532년 리옹 시립병원의 의사가 되었고, 네덜란드 출신의 인문주의자요 가톨릭 사제인 데시데리위스 에라스뮈스(Desiderius Erasmus)와도 교류를 맺는 등 관심 분야가 무척 넓었습니다.

오늘날 라블레는 의사보다는 르네상스 시대를 대표하는 두 소설 『팡타그뤼엘』(1532)과 『가르강튀아』(1534)를 쓴 작가로 널리 알려져 있습니다. 1532년경 작가가 알려져 있지 않은 작품 『가르강튀아 연대기』에서 힌트를 얻어 그는 『팡타그뤼엘』이라는 작품을 먼저 썼습니다. 이 소설이 생각 밖으로 큰 인기를 끌자 라블레는 이번에는 『가르강튀아』를 펴내기에 이릅니다. 이 두 작품에서 거인 가르강튀아는 팡타그뤼엘의 아들로 등장하기 때문에 이 두 작품을 합쳐 흔히 『가르강튀아와 팡타그뤼엘』로 부르기도 합니다. 그러나 1534년 그의 책이 금서가 되고 박해를 받기 시작하자 라블레는 고국을 떠나 유럽 이곳저곳을 떠돌아다니며 살았습니다. 1550년 프랑스로 돌아오지만 1553년 이후로는 소식이 끊기고 말았습니다. 그는 이 무렵 사망했다는 사실이 최근에 이르러 확인되었습니다.

라블레는 과학을 옹호하고 인간의 자유와 해방을 부르짖으며 이상적인 인간 사회를 건설하려고 노력했습니다. 한마디로 그의 작품에는 그가 살던 르네상스 시대의 사상과 감정이 잘 표현되어 있습니다. 풍부한 어휘와 힘찬 표현, 해박한 지식 그리고 인간의 상식을 뛰어넘는 터무니없는 과장과 신랄한 풍자 등에서 그를 따를 만한 작가가 없습니다. 그래서 '라블레적(Rabelaisian)'이라고 하면 모든 면에서 라블레처럼 야비하고 우스꽝스러우며 투박스러운 상태를 가리키는 형용사로 자주 쓰입니다. 한편 진리 문제에서는 조금도 뜻을 굽히지 않은 채 위선과 모든 형태의 민중의 편견에 가차 없이 맞서는 태도를 가리키기도 합니다.

그런데 『팡타그뤼엘』에는 교활하고 거짓말장인데다가 성격이 괴팍한 파뉘르주라는 인물이 나옵니다. 그는 고대 그리스어와 히브리어와 라틴어를 비롯하여 독일어·이탈리아어·네덜란드어 등 많은 외국어를 구사할 수 있는 언어의 귀재입니다. 심지어는 서구 문학사에서 인공어(人工語)를 처음 만들어낸 인물이기도 합니다. 그리고 보니 라블레가 이 인물의 이름을 왜 '파뉘르주'로 지었는지 알 만합니다. 이 이름은 모든 것을 만들어낼 수 있는 사람이라는 뜻입니다.

어느 날 큰 배를 타고 여행하고 있었던 파뉘르주는 갑판 위에 양떼 마흔 마리가 우글거리고 있는 모습을 보게 됩니다. 파뉘르주가 양떼 주인에게 양떼를 어디로 데리고 가느냐고 물었습니다. 시장에 팔러 가는 중이었지만 이 상인은 파뉘르주의 옷차림이 꾀죄죄한 것을 보고 귀찮다는 듯 대꾸도 하지 않았습니다. 적잖이 모욕감을 느낀 파뉘르주는 즉시 상인에게 보복을 하기로 결심했습니다. 파뉘르주는 상인에게 "저기 저 제일 큰 양을 나한테 팔지 않겠소? 값은 달라는 대로 다 드리리다"하고 말했습니다. 그러자 상인은 마음속으로 이때다 싶었는지 터무니없이 비싼 값을 불렀습니다. 상인이 부르는 값이 너무 터무니없자 파뉘르주는 가격을 두고 승강이를 벌이다가 결국 상인에게 돈을 지불하고는 몸집이 제일 큰 양 한 마리를 삽니다. 그런데 그는 상인에게 값을 지불하자마자 곧바로 자신이 산 양을 떼밀어 바다 속으로 빠뜨려 버렸습니다. 그러자 다른 양들도 모두 그 양을 따라 우르르 바다 속으로 들어가 버리는 것이 아니겠습니까? 라블레는 이 장면을 이렇게 묘사합니다.

> 그 양떼를 멈추게 할 수 없었다. 양들이란 언제나 맨 처음 놈이 가는 곳이라면 어디든지 따라가는 습성이 있기 때문이었다. 그래서 양들은 이 세상에서 가장 어리석고 바보 같은 짐승이다.

> It was not possible to stop them, as you know, with sheep, it's natural to always follow the first one, wherever it may go. This is what makes them the most silly and

foolish animals in the world.

눈 깜박할 사이 갑자기 벌어진 사태에 놀란 상인은 그것을 막으려고 양의 꼬리를 잡고 버티다가 결국 양과 함께 바다에 빠지고 말았습니다. 방금 위에서 라블레가 지적하듯이 본디 양이라는 짐승은 평소에는 양치기의 지시에 잘 따르다가도 양치기가 없으면 첫 번째 양이 하는 행동을 무조건 따라서 하는 습성이 있습니다. 양떼의 습성을 알고 있던 파뉘르주는 그것을 이용해서 상인에게 톡톡히 보복을 한 셈입니다.

지금도 '파뉘르주의 양떼'라고 하면 자신의 주관 없이 무비판적으로 끌려 다니는 어리석은 군중을 말합니다. 라블레가 『팡타그뤼엘』에 이 에피소드를 삽입한 것도 바로 이 무렵 프랑스의 우매한 군중을 풍자하고 비판하기 위한 것이었습니다. 오늘날 심리학 용어로 말하자면 군중심리를 그는 날카롭게 비판하고 있습니다.

귀스타브 르봉(Gustave Le Bon)은 일찍이 『군중심리』(1895)라는 책에서 체계적이고 깊이 있게 이 심리 문제를 다루었습니다. 뒷날 정신분석학 이론을 처음 정립한 지그문트 프로이트(Sigmund Freud)를 비롯하여 역사에서 그 유례를 찾아보기 어려운 두 독재자 아돌프 히틀러(Adolf Hitler)와 무솔리니(Benito Mussolini)는 군중을 마치 양떼처럼 휘어잡는 데 이 책에서 적잖이 영향을 받았습니다. 르봉이 지적하는 군중심리의 가장 괄목할 특징은 군중을 형성한 개인들이 누구든 일단 군중으로 변모하면 하나의 집단정신에 소속된다는 점입니다. 이렇게 집단정신에 소속된 군중은 저마다 고립된 상태에서 느끼고 생각하고 행동하는 방법과는 전혀 다른 방향으로 비이성적으로 행동하게 마련이라는 것입니다.

Les Moutons de Panurge, Parnurge's Sheep in English, describes an individual that will blindly follow others regardless of the consequences.

근대와 현대 편

나는 생각한다, 그러므로 존재한다
악화는 양화를 구축한다
나에게 자유가 아니면 죽음을 달라!
최대다수의 최대의 행복
겨울이 오면 봄은 멀지 않으리
천재란 1퍼센트의 영감과
99퍼센트의 땀
민중의 소리는 곧 신의 소리
여자를 찾아내라!
시간은 돈이다
바람과 함께 사라지다

34
나는 생각한다, 그러므로 존재한다

Cogito, ergo sum

인간은 과연 어떤 점에서 다른 동물들과 뚜렷이 구별 지을 수 있을까요? '호모 파베르(homo faber)'라고 하여 연장이나 도구를 사용할 줄 아는 동물이라는 점에서 인간의 특성을 찾는 이론가들이 있습니다. '호모 로쿠엔스(homo loquens)'라고 하여 언어를 사용할 줄 안다는 점에서 인간을 동물과 구분 짓기도 합니다. 또 '호모 루덴스(homo ludens)'라고 하여 오직 인간만이 유희할 수 있는 동물이라고 말하기도 합니다. 그런가 하면 좀 더 철학적으로 '호모 비아토르(homo viator)', 즉 이 세상을 방황한다는 점에서 인간의 속성을 찾는 이론가들도 있습니다.

두말할 나위 없이 인간을 가리키는 과학적인 학명은 '호모사피엔스(homo sapiens)'입니다. '지혜가 있는 사람'이라는 뜻으로 생물학이나 고인류학에서 인간속(homo genus) 가운데 현생인류와 같은 종(種)으로 분류되는 생물을 가리키는 학명(學名)입니다. 철학에서는 이성적인 사고 능력을 인간의 본질인 인간관을 나타내는 표현으로 흔히 씁니다.

그런데 이렇게 이성적 사고 능력을 지니고 있다는 점에서 인간의 특성을 찾은 철학자는 다름 아닌 르네 데카르트(René Descartes)였습니다. 17세기 프랑스의 대표적인 근대 철학자이자 물리학자요 수학자이기도 한 그는 철학의 출발점이 되는 제1원리라고 할 "나는 생각한다, 그러므로 존재한다"라는 명제를 선언하여 근대 이성주의 철학의 정초를 닦았습니다. 1596년 투랜 지방 귀족 가문에서 태어난 데카르트는 예수회가 운영하는 라 플레쉬 콜레즈에 입학하여 철저하게 중세식 인본주의 교육을 받았습니다. 은둔학자로 생활하다가 니콜라우스 코페르니쿠스(Nicolaus Copernicus)와 갈릴레오 갈릴레이(Galileo Galilei)가 주창한 지동설을 바탕으로 세계에 관한 자신의 견해를 진술한 『세계』(1633)와 존재론과 인식론 문제를 다룬 『방법서설』(1637)을 세상에 내놓으면서 관심을 받았습니다.

데카르트는 가장 확실하고 의심할 여지가 없는 진리를 찾으려고 노력했습니다. 그래서 그가 선택한 방법이 진리가 아닌 것들을 모두 없애버리는 것이었습니다. 심지어 확실한 진리를 찾으려고 한 나머지 불확실하다고 생각하는 감각도 배제해 버렸습니다. 감각마저도 반드시 맞는다고 확신할 수 없기 때문이었지요. 그리하여 데카르트는 마침내 이러한 결론에 이르렀습니다.

나는 의심한다, 그러므로 나는 생각한다,
그러므로 존재한다.

Dubito ergo cogito ergo sum.
(I doubt, therefore I think, therefore I am.)

위 인용문에서 생선 대가리를 잘라내듯이 흔히 앞부분을 빼버리고 "나는 생각한다, 그러므로 존재한다"라고만 인용하지만, 좀 더 정확하게 말하자면 "나는 의심한다"는 구절이 선행되어야 합니다. 데카르트는 의심하기 때문에 생각하는 것이고, 생각하기 때문에 존재하는 것이라고 말하고 있습니다.

이렇게 데카르트가 주장하는 사고방식의 하나가 '방법론적 회의(methodical doubt)'라는 것입니다. 방법론적 회의란 조금이라도 의심스러운 것은 모두 거짓으로 보고 전혀 의심할 수 없는, 절대적으로 확실한 것이 남는지의 여부를 살피는 태도를 말합니다. 이것은 우리가 흔히 말하는 회의와는 조금 달라서 모든 것을 거짓이라고 판단하는 것이 아니라 진리를 얻는 한 방법으로 의지적으로 행한다는 점에서 '의지적 회의'요 지나치게 철저하게 행한다는 뜻에서 '과장된 회의'라고 할 수 있습니다.

그런데 데카르트의 이 말은 가끔 오해되기도 합니다. 그가 말하려는 본뜻은 우리가 존재하는지 존재하지 않는지 의심이 들면 그 자체로 이미 존재한다는 사실이 승명된다는 것입니다. 그렇게 의심하는 '나'가 존재하기에 의심할 수 있기 때문입니다. 좀 더 정확히 말하면 한 인간이 물리적으로 존재한다기보다는 의심을 통하여 자신을 관찰하는 인간의 한 부분, 즉 정신이 존재한다는 뜻이지요. 극단적으로 말하자면 장주(莊周)처럼 자신이 사람이 아니라 사람

처럼 살고 있는 나비 한 마리로 의식할 수도 있습니다.

데카르트는 일부 학자가 아니라 많은 독자에게 읽히게 하려고 『방법론 서설』을 라틴어가 아닌 프랑스어로 집필했습니다. 그렇기 때문에 "나는 생각한다, 그러므로 존재한다"는 명제도 당연히 라틴어가 아닌 프랑스어로 "Je pense donc je suis"라고 했습니다. 물론 데카르트는 뒷날 『철학의 원리』(1644)라는 책에서는 "Cogito ergo sum"이라는 라틴어를 사용하기도 했습니다. 그런데도 이 유명한 명제가 프랑스어가 아닌 라틴어로 뭇 사람의 입에 오르내리는 까닭이 과연 어디에 있을까요? 학자들은 여전히 라틴어에 의존하고 있었기 때문이었습니다. 이 라틴어 문장을 줄여서 그냥 'cogito'라고만 하여도 이제 그 뜻을 알 수 있을 정도입니다.

데카르트가 이 유명한 명제를 말한 지도 어느덧 4백 년이 가까워오는 지금, 사람들은 "나는 생각한다, 그러므로 존재한다"는 문장을 곧잘 패러디하여 사용합니다. 걸핏 하면 "나는 생각한다"는 앞부분을 다른 말로 바꾸어 "나는 ~ 한다, 그러므로 존재한다"라고 말하기 일쑤입니다. 예를 들어 알베르 카뮈(Albert Camus) 같은 실천을 중시하는 실존주의자들은 "나는 행동한다, 그러므로 존재한다"고 말합니다. 사랑에 한껏 빠져 있는 사람은 "나는 사랑한다, 그러므로 존재한다"고 말합니다. 도전 정신에 언제나 가슴이 불타는 사람은 "나는 도전한다, 그러므로 존재한다"고 말합니다. 한 쇼핑 중독자는 "나는 쇼핑한다, 그러므로 존재한다"고 말합니다. 그런가 하면 최근 컴퓨터가 생활필수품으로 자리 잡으면서 한 인터넷 중독자는 "나는 접속한다, 그러므로 존재한다"고 말하기도 합니다.

A philosophical proof of existence based on the fact that someone capable of thought is alive.

35
악화는 양화를 구축한다
Bad money drives out good

구약성서에 등장하는 인물 중에서 가장 흥미로운 인물을 꼽으라면 아마 요나와 욥이 꼽힐 것입니다. 요나는 사흘 동안 고래 뱃속에 들어 있다가 살아난 사람이고, 욥은 착하고 의롭게 살면서도 보상을 제대로 받지 못한 사람이었습니다. 특히 구약성서를 통틀어 욥만큼 온갖 고통과 시련을 겪은 사람도 없을 것입니다. 그래서 그는 언제나 풀리지 않는 삶의 수수께끼로 고민하고 있습니다. 도대체 왜 악인은 잘 나가고 의인은 고통을 받아야 하는가? 욥이 하느님에 대해 불평을 늘어놓는 것도 바로 그 때문입니다.

욥의 불평이나 불만을 경제학에 옮겨놓은 것이 흔히 '그레셤의 법칙(Gresham's law)'으로 일컫는 원리입니다. 16세기 영국의 금융가였던 토머스 그레셤(Thomas Gresham)이 처음 주장한 법칙으로 "악화(惡貨)는 양화(良貨)를 구축한다"는 말로 요약할 수 있습니다. 그레셤은 영국 최초로 왕립증권거래소를 설립한 인물로 에드워드 6세(Edward VI)와 엘리자베스 1세(Elizabeth I) 여왕의 재정 고문 역할을 맡았습니다.

그레셤은 에드워드 4세가 일찍 사망하고 엘리자베스 1세가 영국 왕에 즉위하자 그녀에게 재정 문제와 관련한 건의를 담은 서한을 바쳤습니다. 그가 말하는 법칙은 바로 이 서한 첫머리에 나오는 말입니다. 그레셤은 이 서한에서 "악화가 양화를 통용되지 못하게 할 것이다(Bad money will drive good money out of circulation)"라고 밝혔습니다. 뒷날 16세기 중엽에 이르러 헨리 맥클라우드(Henry D. Macleod)가 『정치경제학의 요소』(1858)라는 책에서 이 주장에 '그레셤의 법칙'이라는 이름을 붙이면서 널리 알려지게 되었습니다.

그런데 악화가 양화를 쫓아버린다는 법칙은 그레셤이 처음 언급한 것은 아닙니다. 그레셤이 태어나던 1519년에 일찍이 니콜라우스 코페르니쿠스(Nicolaus Copernicus)가 한

논문에서 "가치가 떨어진 동전은 그렇지 않은 동전을 통용되지 않게 한다"고 지적한 적이 있습니다. 이보다 훨씬 앞서 기원전 5세기 초엽 그리스의 희극 작가 아리스토파네스(Aristophanes)는 '개구리'라는 작품에서 이와 비슷한 말을 했습니다.

> 우리 도시가 돌아가는 추세는 사람들이나 화폐와 꼭 같습니다. (……) 사람들도 이와 같아서 우리는 올바르고 흠잡을 데 없는 삶들과 고상한 이름들을 잘 알고 있습니다. 그런데도 우리는 이러한 사람들을 내쫓고 놋쇠처럼 천한 사람들을 받아들입니다.
>
> The course our city runs is the same towards men and money. (… …) So with men we know for upright, blameless lives and noble names. These we spurn for men of brass.

토머스 그레셤이 한 말을 좀 더 자세히 설명하면 경제 체제 안에서 귀금속으로서의 가치가 서로 다른 태환 화폐(금화와 은화 같은 양화)가 동일한 화폐 가치로서 유통될 때 귀금속 가치가 작은 화폐(은화, 악화)는 가치가 큰 화폐(금화, 양화)

의 유통을 배제한다는 뜻입니다. 다시 말해서 시장에 좋은 품질의 화폐와 나쁜 품질의 화폐가 동시에 통용될 경우 품질이 떨어지는 화폐만 남고 좋은 화폐는 사라진 채 유통이 되지 않는다는 것이지요. 이렇게 되면 금이나 은 함유량이 적은 화폐가 유통되어 결과적으로 국가가 금을 많이 보유하게 되어 부유해진다는 논리였습니다.

그레셤의 법칙은 1792년에서 1834년 사이 미국의 통화에서 그 좋은 예를 찾아볼 수 있습니다. 이 무렵 미국에서는 은과 금의 교환 비율을 15대 1로 유지한 반면, 유럽에서는 은과 금의 비율이 15.5대 1에서 16.06대 1까지 이르렀습니다. 이 때문에 금을 가진 사람들은 유럽 시장에 금을 팔고 은을 미국 조폐국으로 가져가는 것이 더 유리했습니다. 결국 금은 미국 국내 유통시장에서 사라져 버리다시피 했습니다. 즉 가치가 열등한 화폐가 금을 몰아낸 것입니다.

우리나라 조선시대에서도 한때 그레셤의 법칙이 적용된 적이 있었습니다. 태종 때부터 일찍이 여러 화폐를 주조했지만 별로 통용되지 않다가 1633년(인조 11)에 이르러 상평

청(常平廳)에서 상평통보(常平通寶)를 주조하면서 널리 통용되기 시작했습니다. 그러던 중 1866년(고종 3) 대원군(大院君)이 집정할 무렵 쇄국정책에 따른 군비 확충과 경복궁(景福宮)의 조영을 위한 비용을 조달하고 궁핍한 재정을 타개하기 위해 당백전(當百錢)을 주조하여 강제로 통용하게 했습니다. 그러나 실질 가치가 명목 가치의 20분의 1도 못 되는 것이어서 그레셤의 법칙 그대로 양화라고 할 엽전은 점차 자취를 감추고 악화라고 할 당백전만이 유통되어 물가가 폭등하는 결과를 낳았습니다.

"악화가 양화를 구축한다"는 그레셤의 법칙은 오늘날처럼 주화(鑄貨)가 아닌 신용 화폐가 중심을 이루고 있는 시대에는 이렇다 할 의미가 없습니다. 그러나 이 법칙은 경제학의 용어보다는 오히려 비유적 표현으로 더 자주 사용합니다. 좋지 않은 것이 좋은 것을 몰아낼 때 흔히 이 표현을 씁니다. 가령 정부에서 제대로 통제를 하지 않는다면 품질이 좋은 상품은 시장에서 사라지고 품질이 낮은 상품만 남게 됩니다. 자질이 높은 사람은 조직 사회에서 사라지는 반면, 자질이 낮은 사람들만이 남게 된다는 의미로도 사용합니다.

요즈음 출판계와 서점에서는 책이 팔라지 않아 문을 닫아야 할 판이라고 울상을 짓습니다. 아무리 내용이 좋아도 생각하며 읽는 책이라면 잘 팔리지 않고 남의 사생활을 폭로하거나 자신의 삶을 부풀려 기록한 책들이 날개 돋친 듯 팔려나갑니다. 더러 예외가 없는 것은 아니지만 베스트셀러 목록에 올라와 있는 책들은 함량 미달인 책이 적지 않습니다. 그래서 출판가에서는 흔히 "악서(惡書)가 양서(良書)를 구축한다"고 말합니다.

In general, the law applies to situations outside the financial world as well : for example, bad politicians drive out good ones.

36
나에게 자유가 아니면 죽음을 달라!
Give me liberty, or give me death!

미국의 수도 워싱턴에서 남동쪽으로 240킬로미터 가량 떨어진 곳에 버지니아 주 윌리엄스버그라는 아담한 도시가 있습니다. 미국의 여느 다른 도시와는 달리 200여 년 전의 모습 그대로 복원해 놓은 고풍스러우면서도 매력적인 도시입니다. 청교도들이 '메이플라워(Mayflower)' 호를 타고 대서양을 건너와 오늘날의 보스턴 근처에 식민지를 건설하기 10여 년 앞서 영국인들이 먼저 오늘날의 버지니아 주에 제임스타운 식민지를 건설했습니다. 그리고 이곳에 윌리엄스버그라는 도시를 만들었습니다. 이 식민지가 북아메리카 대륙에 건설한 최초의 영국 식민지입니다.

이 윌리엄스버그는 바로 미국 독립혁명의 요람이었습니

다. 18세기에는 한때 미국 건국의 아버지로 일컫는 조지 워싱턴(George Washington)과 토머스 제퍼슨(Thomas Jefferson) 등이 살았던 도시입니다. 또한 패트릭 헨리(Patrick Henry)이 살았던 곳도 바로 이 도시입니다. 그래서 그런지 이 도시 곳곳에서는 '패트릭 헨리'라는 이름을 곳곳에서 볼 수 있습니다. 공항 이름도 '패트릭 헨리'공항이고, 시내에 있는 광장 이름도, 또 쇼핑몰 이름도 하나같이 '패트릭 헨리'입니다.

버지니아 하노버에서 태어난 패트릭 헨리는 혼자서 법률을 공부하여 변호사가 되었습니다. 윌리엄스버그에서 변호사를 개업한 그는 곧 미국 역사의 한 장을 화려하게 장식하는 애국자가 됩니다. 1763년 헨리는 "각 지역에서 선출된 대표들로 구성된 식민지 의회가 만든 좋고 필요한 법을 거부하는 영국 왕은 자기 백성들의 아버지가 아니라 폭군"이라고 포문을 열었습니다. 그로부터 2년 뒤 1765년 영국 의회가 식민지 의회를 무시하고 아메리카 식민지에서 발행하는 모든 인쇄물에 붙일 인지를 강제로 붙일 것을 요구하는 인지 조례(Stamp Act)를 의결하자 당시 버지니아 의원이던 헨리는 이를 반대하는 결의안을 냈습니다.

이 무렵 영국은 인지 조례로 벌어들이는 수입으로 '7년 전쟁'으로 생긴 국고 손실을 보충하고 북아메리카에 주둔 중인 영국군 유지비를 충당하려고 했습니다. 그러나 헨리의 주도로 버지니아 의회는 인지 조례를 무효로 결의하면서 식민지 주인의 권리를 주창했습니다. 영국은 이러한 저항에 부딪히자 세 달 만에 인지 조례를 폐지할 수밖에 없었습니다. 결국 영국은 마침내 버지니아 의회를 해산하는 것으로 식민지의 저항에 응수했습니다.

그러자 1775년 패트릭 헨리는 이 무렵 변호사이자 의회 의원으로 영국의 부당한 처사를 비난했습니다. 이해 3월 버지니아 리치먼드 세인트존스 교회에서 버지니아 대회가 열렸습니다. 이 대회에는 헨리 말고도 앞으로 미국의 초대 대통령으로 선출될 조지 워싱턴과 제3대 대통령으로 선출될 토머스 제퍼슨이 참석했습니다. 헨리는 이 자리에서 이렇게 부르짖었습니다.

> 쇠사슬과 노예라는 대가를 치르고 사야 할 만큼 생명이라는 것이 그토록 소중하고 평화가 그토록 달콤한 것입니까? 단연코 그렇지 않기를 바랍니다! 나는 다른 사람들이 어떤

길을 택할지 알지 못합니다. 하지만 나는 이렇게 외칠 것입니다. 자유가 아니면 죽음을 달라고!

Is life so dear, or peace so sweet, as to be purchased at the price of chains and slavery? Forbid it, Almighty God! I know not what course others may take ; but as for me, give me liberty, or give me death!

이 연설 끝난 뒤 대회에 참석한 사람들은 "나에게 자유가 아니면 죽음을 달라!"고 외쳤습니다. 이 대회에서는 곧바로 버지니아가 독립전쟁에 군대를 파견하기로 한 결의안을 통과시켰습니다. 이 연설은 엄청난 파장을 일으키면서 영국의 식민지 지배에 정면으로 맞서는 미국 혁명의 도화선이 되었습니다. 이 무렵 헨리의 이 우렁찬 연설은 어떤 대포소리보다도 파급력이 컸습니다. 헨리의 이 유명한 말은 1820년대 그리스 독립전쟁의 표어가 되기도 했습니다. 그리스도 오스만 제국의 터키로부터 360년 동안 지배를 받다가 마침내 식민지 굴레에서 벗어났던 것입니다.

그런데 "자유가 아니면 죽음을 달라!"는 패트릭 헨리의 이 연설에서는 여러모로 고대 로마시대의 정치가 마르쿠스 카토(Marcus Cato)의 말이 떠오릅니다. 율리우스 카이사

르(Gaius Iulius Caesar)의 독재에 맞서 공화주의를 주장한 카토는 일찍이 독재 체제 아래에서 사느니 차라리 죽음을 택하겠다고 선언했습니다. 실제로 그는 오직 죽음이 개인의 자유를 보장할 수 있다고 판단하여 마침내 자살을 택했습니다. 영국 작가 조지프 애디슨(Joseph Addison)은 이 로마 정치가를 소재로 쓴 『카토』(1712)라는 희곡 작품에서 "지금은 쇠사슬이냐 정복이냐, 자유냐 죽음이냐 말고는 아무것도 말할 때가 아니다" 하고 말합니다. 이 연극은 미국 식민지에서 자못 큰 인기를 끌고 있었으며, 국부들은 이 극을 잘 알고 있었습니다. 조지 워싱턴은 밸리포지에서 식민지 독립 군대를 위해 이 연극을 상연하도록 하기도 했습니다. 그래서 헨리가 앞에서 언급한 연설문을 쓰면서 카토한테서 영감을 받았다고 주장하는 학자들도 있습니다.

그런데 "자유가 아니면 죽음을!"이라는 말은 이제 어떤 것을 강조하여 말할 때 자주 씁니다. 가령 프랑스혁명이 시작될 무렵 프랑스에서는 흉작으로 값싼 빵조차 품귀 현상을 빚어 사지 못하게 되자 시민들은 "빵이 아니면 죽음을 달라!"고 외쳤습니다. 볼리비아 대통령 에보 모랄레스(Juan Evo Morales)는 전 세계 2만여 명의 군중이 모인 회의장에서 "지구가 아니면 죽음을 달라!"고 부르짖습니다. 지구촌 주민 모두의 생존이 위협받고 있는 지금 이제 지구를 지켜내는 것보다 더 절실한 문제는 없다는 뜻입니다. 한편 베네수엘라 대통령 우고 차베스(Hugo Rafael Chávez)는 "사회주의 조국이 아니면 죽음을 달라!"고 외쳤습니다.

Liberty or death refers to the situation where there is only one of two extreme things you have a right to ; if you cannot have one, you will have the other.

37

최대다수의 최대의 행복

The greatest happiness of the greatest number

요즈음 하버드 대학교 정치철학 교수인 마이클 샌델(Michael J. Sandel)의 책 『정의란 무엇인가?』(2010)가 시중에서 큰 인기를 끌고 있습니다. 국내에서 번역본이 나온 지 벌써 일 년이 넘었는데도 여전히 베스트셀러의 자리를 꾸준히 지키고 있습니다. 이 책에서 샌델은 재미난 예를 한 가지 들고 있습니다. "당신은 다리 위에 서서 브레이크가 고장 난 채 달리고 있는 열차를 내려다보고 있다. 그대로 두면 철로에 서 있는 다섯 명이 치여 죽는다. 그런데 당신 옆에 뚱뚱한 남자 한 명이 서 있고 이 사람을 뒤에서 밀어버리면 그는 열차에 치여 죽지만 열차가 멈추기 때문에 다른 다섯 명은 살릴 수 있게 된다. 당신은 뚱뚱한 남자를 밀쳐서 다섯 명을 살릴 것인가?" 샌델은 다섯 명을 살리기 위해 아무

죄도 없는 한 명을 희생하는 행위는 올바른 선택이 아니라고 말합니다.

그런데 지금 샌델이 조금 극단적이다 싶은 예를 들고 있는 것은 바로 공리주의(功利主義)의 한계를 지적하기 위해서입니다. 공리주의란 18세기 말부터 19세기 전반에 걸쳐 영국에서 유행한 윤리적 사상으로 제러미 벤담(Jeremy Bentham)이 주장한 이론입니다. 그는 쾌락이나 행복은 선인 반면, 고통과 불행은 악이라고 생각했습니다. 인간의 본성은 고통과 쾌락의 지배를 받고 모든 인간 행위의 동기는 궁극적으로 쾌락을 추구하고 고통을 피하는 데 있다고 보았습니다. 그렇기 때문에 그는 쾌락과 고통을 모든 인간 행위에 대한 선악 판단의 기준으로 삼았습니다. 벤담은 『도덕과 입법 원리』(1781)라는 책에서 일찍이 이렇게 잘라 말했습니다.

최대 다수의 최대 행복이야말로 도덕과 입법의 기초이다.

The greatest happiness of the greatest number is the foundation of morals and legislation.

벤담은 또 "도덕은 최대 다수의 최대 행복을 목적으로

삼는다"고 주장했습니다. 이 "최대 다수의 최대 행복"을 도덕의 기준으로 받아들임으로써 그는 공리주의 이론에 초석을 놓았습니다. 물론 이 말을 처음 언급한 사람은 벤담이 아니라 영국의 화학자요 신학자이며 정치학자인 조지프 프리스틀리(Joseph Priestley)였습니다. 그리고 프리스틀리보다 앞서서는 이탈리아 법철학자인 체사레 베카리아(Beccaria, Cesare)가 이와 비슷한 말을 한 적이 있습니다. 그러나 이 말은 벤담이 공리주의의 원칙으로 사용하면서 뭇 사람의 입에 오르내리게 되었습니다.

인간 행위의 윤리적 기초를 쾌락의 추구와 개인의 이익에 둔 벤담은 개인의 행복이 무엇보다도 가장 중요하다고 믿었습니다. 또 그 행복을 되도록 많은 사람이 누려야 한다고 생각했습니다. 그래서 공리주의의 '공'자를 '공 공功'자가 아닌 '함께 공共'자를 쓰자고 주장하는 한국 학자도 있습니다. 이 사상은 근대 시민사회의 윤리적 기준이 되었을 뿐만 아니라 영국의 고전 경제학의 사상적 기초와 자본주의 질서를 구축하는 토대가 되기도 했습니다.

그러나 공리주의는 그 제1원리인 개인의 쾌락과 이익 추구가 반드시 공익의 보장과 직결되는 것은 아닐뿐더러 오히려 배치될 수도 있다는 점에서 그 동안 적잖이 비판을 받아 왔습니다. 삶에서 무엇이 옳고 무엇이 그른지, 즉 선악의 문제를 근본적으로 명쾌하게 풀 수 있는 하나의 기준이나 원리가 있는지를 두고 지금까지 많은 철학자가 골머리를 앓아 왔습니다. 그런데 벤담 같은 공리주의자는 대담하게 도덕의 최고 원리에 대해 하나의 기준을 정해 놓았던 것입니다. 방금 앞에서 말한 "최대 다수의 최대 행복"의 원리가 바로 그것이지요.

언뜻 보면 이 원리는 그럴듯해 보이지만 한 꺼풀만 벗겨 놓고 보면 금방 실밥이 훤히 드러납니다. 행복이란 과연 무엇인지 하는 문제에서부터 난관에 부딪치게 됩니다. 물론 공리주의자들은 행복이란 곧 쾌락을 느끼는 것이라고 주장하지만 쾌락에 대해 정의내리는 것도 그렇게 간단한 문제는 아닙니다. 쾌락이란 주관적이요 상대적이기 때문입니다. 흔히 고통 없는 상태를 쾌락이라고 정의하지만 반드시 그렇지만도 않습니다. 가령 '가학성 변태성욕'으로 흔히 번역하는 사디즘이나 '피학대 음란증'으로 번역하는 마조히즘처럼 남에게 고통을 주거나 자신이 그러한 고통을 느끼면서 쾌락을 맛보는 이상 심리를 어떻게 설명해야 합니까? 인간은 고통 없는 쾌락은 진정한 쾌락으로 여기지 않을 뿐더러 고통의 터널을 통과할 때야 비로소 참다운 쾌락을 느낍니다. 그런데도 벤담은 쾌락을 유일한 도덕의 기초로 삼았던 것입니다. 그가 그토록 높이 평가하는 쾌락이 비록 윤리의 한 척도는 될 수 있을지언정 결코 선악을 판단하는 잣대나 최고 원리가 될 수는 없습니다.

존 스튜어트 밀(John Stuart Mill)의 공리주의는 벤담의 공리주의와는 꽤 다른 것처럼 보이지만 실제로는 그렇지만도 않습니다. 벤담이 양적 쾌락에 무게를 실었다면, 밀은 질적 쾌락에 무게를 실었을 뿐입니다. 다시 말해서 물질적 쾌락이나 감각적 쾌락을 정신적 쾌락으로 바꾸어 놓았을 뿐 큰 차이는 없습니다. 정신적 쾌락이 물질적·감각적 쾌락보다 우월하다는 논리도 철학적으로는 입증하기 어렵습니다. 물질적·감각적 쾌락이 어느 정도 충족되지 않는 상황에서는 어떤 정신적 가치도 쓸모가 없게 마련이고, 현실적으로는 오직 정신적 가치에만 만족하며 살아갈 수 있는 사람도 그다지 많지 않기 때문입니다. 무엇보다도 사사로운 개인의 이익 추구와 사회적 공익 사이에서 어떻게 조화와 균형을 꾀할 것인지에 대해 공리주의는 시원스러운 답을 내놓지 않습니다.

그런데도 공리주의는 영국 산업혁명기의 사상적 표현으

로 등장하여 여러 해 동안 수정과 보완을 거치면서 19세기 영국의 선거 제도와 의회 제도를 비롯하여 정치 · 법률 · 경제 등 여러 제도를 민주적으로 개혁하는 데 크게 이바지했습니다. 그 뒤 산업혁명이 산업 자본주의로 발전하면서 공리주의는 토머스 힐 그린(Thomas Hill Green) 등이 주창한 이상주의로 옷을 바꿔 입습니다.

The "greatest happiness" part enjoins people to act so as to maximize human happiness produced ; "of the greatest number" part, on the other hand, enjoins them to act so as to spread happiness around as equally as possible.

38
겨울이 오면 봄은 멀지 않으리
If Winter comes, can Spring be far behind?

바람은 우주가 호흡하는 숨결과 같다고 할 수 있습니다. 저 단군신화를 보아도 환웅(桓雄)이 거느리고 온 여러 신 가운데에서도 풍백(風伯)이라는 신이 맨 먼저 앞서는 것도 이처럼 우주론적 상징성과 무관하지 않습니다. 신라시대 화랑도에게 풍월(風月)과 풍류(風流)는 대자연에서 노닐며 몸과 마음을 닦는 일을 뜻했습니다. 비단 동양만이 아니고 물 건너 서양에서도 바람은 상징성이 풍부하여 허무와 불안, 맹목성과 폭력 등을 가리켰습니다. 특히 기독교에서는 바람을 성령의 상징으로 사용해 왔습니다. 실제로 바람과 성령은 어원이 서로 같습니다. 바람도 성령도 헬라어 '프뉴마(pneuma)'에 뿌리를 두고 있습니다. 그래서 그런지 구약이건 신약이건 성서에서는 어떤 영적인 기운이 일어날 때면 으레 바람이 불기 시작합니다.

최근 지구 온난화로 생긴 이상 기후 현상 때문에 한겨울에는 눈이 많이 내리고 몹시 추울 뿐만 아니라 겨울 기간이 길어져 봄이 좀처럼 찾아오지 않는다고 불평을 늘어놓습니다. 그러나 절기에 조금 뒤늦게 찾아올망정 봄이 아예 오지 않는 것은 아닙니다. 영국의 낭만주의 시인 퍼시 비시 셸리(Percy Bysshe Shelley)는 「서풍에 부치는 노래」라는 작품에서 이렇게 읊었습니다.

The trumpet of a prophecy! O Wind,
If Winter comes, can Spring be far behind?

예언의 나팔이여! 오, 바람이여,
겨울이 오면 봄은 멀지 않으리.

셸리가 바람을 '예언의 나팔'이라고 부르는 것은 방금 앞에서도 지적했듯이 성서에서 예언이나 성령이 일어날 때면 전령처럼 바람이 불어오기 때문입니다. 두 번째 행은 "겨울이 오면 봄은 멀지 않으리"로 옮겼지만 축어적으로 옮기면 "겨울이 오면 봄은 뒤에 멀리 있을 수 있을까?"입니다. 수사(修辭) 의문문으로 겨울이 오면 봄도 멀지 않다는 뜻을 애써 힘주어 말하기 위한 수사법이지요.

셸리는 18세기가 끝나갈 무렵 영국 서섹스 호섬 근처 필드플레이스에서 태어나 1822년 서른 살의 젊은 나이로 이탈리아 토스카나 리보르노 앞바다에서 배사고로 사망했습니다. 비록 이 지상에서 살다간 기간은 그렇게 길다고 할 수 없지만 그의 삶은 여간 파란만장하지가 않았습니다. 남부 영국의 명문 출신으로 사학 명문학교인 이튼을 거쳐 옥스퍼드 대학교에 다닐 때는 무신론을 부르짖다가 퇴학을 당했습니다. 1808년 이후부터는 고국을 떠나 주로 이탈리아에서 지냈습니다. 1819년에는 메리(Mary)에게서 낳은 아들 윌리엄(William)을, 1826년에는 해리엇(Harriet)한테서 낳은 아들 찰스(Charles)를 잇따라 잃는 아픔을 겪었습니다. 천재 시인이 흔히 그러하듯이 셸리도 재능을 마음껏 펼쳐 보지도 못한 채 아깝게 요절하고 말았습니다. 조지 고든 바이런(George Gordon Byron)과 존 키츠(John Keats)와 함께 그는 영국 낭만주의의 3대 시인 중 한 사람으로 꼽힙니다.

셸리는 「서풍에 부치는 노래」를 1818년, 그러니까 그가 스물여섯 살 되던 해에 이탈리아의 피렌체 근처에서 지었습니다. 모두 다섯 연(聯)으로 되어 있는 이 작품의 제1연에서 시인은 서풍을 무수한 나뭇잎을 떨어뜨리는 '생명의 파괴자'로 노래하면서 동시에 '생명의 보존자'라고 노래합니다. 제2연은 일종의 조가(弔歌)로 시인은 서풍이 한 해를 죽음으로 몰고 간다고 슬퍼합니다. 제3연에서 시인은 나폴리 만 북쪽 끝 '부석(浮石)의 섬'에서 바라보는 지중해의 잔잔하고 잠든 정경을 아름답게 묘사하고 있습니다. 제4연에서 시인은 자신도 '나뭇잎처럼, 물결처럼, 구름처럼 생생하게 살 수 있도록 해 달라'는 애원과 함께 지난날에는 서풍처럼 거칠고 민첩하고 거만했지만 시대의 중압에 짓밟히고 결박되어 자유를 잃었다고 한탄하고 있습니다. 그리고 마지막 제5연에 이르러 시인은 서풍에게 자신의 입술에게도 불어와 '아직 눈뜨지 않은 대지를 향해 예언의 나팔을 불 수 있도록 해 달라'고 애원합니다. 그러면서 "겨울이 오면 봄은 멀지 않으리"하고 이 작품을 끝맺습니다.

그런데 이 작품에서 셸리는 비단 계절의 순환만을 노래하지 않습니다. 겨울과 봄을 각각 인간 영혼을 억압하는 온갖 힘과 자유를 가리키는 상징적 의미로 사용합니다. 인간은 본디 자유로운 존재이기 때문에 그를 억압하지 말고 자유롭게 해방시키라고 부르짖습니다. 그러면서 인류에게 봄날, 즉 자유를 구가할 그 날이 머지 않았다고 희망을 불어넣고 있습니다. 또 셸리는 서풍을 자신의 혁명적 사상을 널리 전파해 주는 수단으로 생각하기도 했습니다. 한반도에는 편서풍이 불면 중국과 몽고 대륙에서 온갖 중금속이 섞여 황사가 불어오지만, 셸리가 노래하는 서풍은 개혁과 혁명의 메시지를 전달해 주는 긍정적인 구실을 합니다.

이렇듯 셸리는 솜사탕처럼 달콤한 서정시의 그릇에 묵직한 자유주의 사상을 담아내고 있습니다. 셸리가 추구한 자유에 대한 신념, 권위에 대한 도전, 그리고 예언자적인 시인의 사명 등은 뒷날 여러 시인에게 큰 영향을 끼쳤습니다.

그런데 셸리의 "겨울이 오면 봄은 멀지 않으리"라는 시구는 오늘날 일상생활에서도 자주 씁니다. 가령 지금은 시련과 고통을 겪고 있어도 이제 곧 희망의 날이 밝아올 것이라는 기대와 꿈을 표현할 때 이 구절을 사용합니다. 10여 년 전 국제통화기금(IMF)의 구제 금융을 받으면서 국민 모두가 단군 이래 최대 위기를 겪으면서도 "겨울이 오면 봄은 멀지 않으리"라고 되뇌면서 위기를 슬기롭게 견뎌냈습니다. 또 1998년 미국에서 서브프라임 모기지(비우량 주택담보대출) 부실로 촉발한 금융 위기가 전 세계를 강타하면서 한반도에도 그 위기가 몰아닥쳤을 때도 마찬가지였습니다. 아직도 경제 위기의 터널에서 완전히 빠져나오지는 못했지만 셸리의 이 구절은 우리에게 큰 위로가 되었습니다.

The line refers to the hope that after every pain and suffering there will come a good day.

39
천재란 1퍼센트의 영감과 99퍼센트의 땀

One percent inspiration and
ninety-nine percent perspiration

보통 사람의 평균 지능지수는 100이거나 100을 살짝 넘습니다. 지능지수가 130이 넘으면 수재라고 하고, 150 이상이 넘으면 천재라고 말합니다. 지능지수가 160이 넘는 사람은 1백만 명에 1백 명꼴이라고 합니다. 우리나라의 인구가 줄잡아 4천 5백만이라고 하면 천재가 적어도 50만 명은 있다는 계산이 나옵니다. 네 살 때부터 신동이라는 소리를 들어 온 리투아니아 태생의 세계적인 바이올리니스트 야샤 하이페츠(Jascha Heifetz)는 "신동이란 흔히 자칫 치명상에 이르기 쉬운 질병과도 같은 것이다. 나는 운 좋게 그 질병에서 살아남은 극히 적은 사람 중의 하나"라고 술회한 적이 있습니다.

우리나라 취학 아동 가운데 적어도 2퍼센트 이상은 수재나 천재에 속하지만 그 아이들이 모두 학교에서 우등생이 되지는 않습니다. 미국에서의 조사한 연구 결과에 따르면 낙제생 중 20퍼센트 가량이 지능지수가 수재 이상이라고 합니다. 진화론을 주창하여 온 세계를 깜짝 놀라게 한 찰스 다윈(Charles Darwin)은 가정교사한테서 공부를 배우면서도 어깨너머로 배우는 나이어린 여동생 메리보다 진도가 훨씬 더 느렸습니다. 다윈의 아버지는 "제발 네가 누이동생 메리만큼 공부를 잘 하면 얼마나 좋겠느냐?"하고 한탄을 늘어놓기 일쑤였습니다. 그런데도 다윈의 지능지수는 평균을 넘어 135였습니다.

'발명왕'이라는 수식어가 붙어 다니는 토머스 에디슨(Thomas Edison)도 어렸을 적에는 둔재로 통했습니다. 일곱 살 때 공립학교에 들어간 그는 교사가 아무리 '1 + 1=2'를 이해시키려고 해도 한사코 '1 + 1=1'이라고 우겼습니다. 마침내 그는 저능아라는 낙인과 함께 학교에서 퇴학당하고 말았습니다.

그런데도 에디슨은 세계에서 가장 많은 발명품을 남긴 사람으로 유명합니다. 미국에는 1천 개가 넘는 특허가 에디슨의 이름으로 등록되어 있을 정도입니다. 축음기를 비롯하여 전화기, 발전기, 전기 철도, 발전소 건설, 활동사진기, 엔진형 축전지, 백열전구 등 하나하나 헤아리기 힘들 정도입니다. 우리가 지금 사용하고 있는 문명의 이기 중에는 그가 발명한 것이 아주 많습니다. 백열전구를 발명할 때는 필라멘트의 재료를 구하기 위해 일본에까지 사람을 보낼 만큼 열정적이었습니다.

그런데 에디슨이 발명한 물건 중에는 이미 다른 사람들이 만들어낸 것도 있었습니다. 이를테면 전구는 영국 물리학자 조지프 스완(Joseph Swan)을 비롯한 여러 과학자가 이미 발명한 것이었습니다. 그러나 다른 과학자들의 발명과는 달리 에디슨의 발명은 실제 생활에 쓸 수 있는 것이었습니다. 추상적으로 이론으로만 존재하는 것과 실용적인 것 사이에는 엄청난 차이가 있습니다. 미국을 대표하는 세계적인 기업 '제너럴 일렉트릭(GE)'을 건립한 사람도 다름 아닌 에디슨이었습니다.

이렇게 많은 물건을 발명했으면서도 에디슨은 연구에 연구를 게을리 하지 않았습니다. 언젠가 사람들이 그를 두고 천재적인 영감(靈感)을 지닌 인물이라고 칭찬하자 그는 이렇게 대답했습니다.

> 천재란 1퍼센트의 영감과 99퍼센트의 땀이다. 그러므로 '천재'란 흔히 자신의 일을 모두 완수한 재능 있는 사람에 지나지 않는다.
>
> Genius is one percent inspiration and ninety-nine per cent perspiration. Accordingly, a 'genius' is often merely a talented person who has done all of his or her homework.

에디슨이 실제로 한 말은 "1퍼센트의 영감과 99퍼센트의 땀"이 아니라 "2퍼센트의 영감과 98퍼센트의 땀"이었다고 주장하는 사람도 있습니다. 그러나 그가 '1퍼센트'라고 말했건 '2퍼센트'라고 말했건 그것은 그다지 중요하지 않습니다. 여기에서 중요한 것은 천재한테는 영감보다는 노력이 훨씬 더 필요하다는 사실이지요.

우리말로 옮기는 과정에서 말장난의 묘미를 모두 잃어버리고 말았지만, 이 말의 감칠맛은 영어 두 낱말 'inspiration(영감)'과 'perspiration(땀)'을 적절히 사용한 데 있습니다. 이 두 낱말은 마치 시구처럼 운(韻)이 잘 맞아 떨어집니다. 몇 십 년 전 '르망'이라는 자동차가 나온 적이 있습니다. 그런데 이 차에 대한 평가가 여간 혹독하지 않았습니다. "앞에서 보니 '실망'이요, 뒤에서 보니 '절망'!"이라고 했습니다. 모르긴 몰라도 아마 경쟁사에서 만들어낸 것임에 틀림없는 '노이즈 마케팅'이라고 할 수 있습니다. 솔직히 말해서 오늘날 한국 자동차가 세계 시장에서 우뚝 서게 된 데도 이 '르망' 자동차의 덕분이 작지 않았습니다. '망' 자 돌림자로 끝나는 "르망 – 실망 – 절망"처럼 "인스퍼레이션 – 퍼스퍼레이션"도 맨 앞 글자 하나만 빼면 발음이 서로 똑같습니다.

"천재란 1퍼센트의 영감과 99퍼센트의 땀"이라는 에디슨의 말은 참으로 시사하는 바가 큽니다. 아무리 영감이 뛰어나도 땀을 흘리며 노력을 하지 않으면 병풍 속의 닭처럼 아무런 쓸모가 없습니다. 우리말 속담에도 있듯이 부뚜막의 소금도 먹어야 짭니다. 소금이 부뚜막 위에 그냥 놓여 있다면 짠맛을 내는 조미료로서 아무런 기능을 발휘할 수가 없습니다.

물론 에디슨에 앞서 이와 비슷한 말을 한 사람들이 더러 있었습니다. 예를 들어 18세기 프랑스의 박물학자요 철학자인 조르주-루이 뷔퐁(Georges-Louis Buffon)은 "천재란 훌륭하게 참고 견디는 능력"이라고 말한 적이 있습니다. 러시아의 작가 안톤 체호프(Anton Chekhov)은 짤막하게 "천재란 노력"이라고 말했습니다. 그런가 하면 20세기 미국 시인 존 애쉬베리(John Ashbery)는 "노력하지 않는 천재보다는 노력하는 둔재가 훨씬 더 많은 일을 해 낸다"고 말했습니다.

Being genius on something requires hardworking not merely cleverly inventive or resourceful.

40
민중의 소리는 곧 신의 소리

Vox populi vox Dei

혁명이라고 하면 금방 떠오르는 것이 칼이나 총 같은 무기입니다. 그런데 최근 들어 혁명을 수식해 주는 말에 섬뜩한 쇠붙이가 아니라 아름다운 꽃 이름이 등장합니다. 지난 해 연말 만성적 인플레이션과 벤 알리(Ben Ali)의 철권통치에 지친 아프리카 튀니지 주민들이 시민혁명을 일으켜 민주화를 성취했습니다. 튀니지에서 일어난 민주화 혁명을 서방 국가들에서는 흔히 '재스민 혁명(Jasmine Revolution)'이라고 부릅니다. 튀니지에서 일어난 혁명에 굳이 재스민 꽃 이름을 붙이는 것은 바로 시민들이 손에 노란 재스민 꽃을 들고 생존권 보장과 정권 퇴진을 요구하며 평화적으로 시위를 벌였기 때문이지요. 무궁화가 우리나라의 국화(國花)이듯이 재스민은 튀니지의 국화입니다. 이 '재스민 혁명'이라는 용어는 이제 튀니지와는 이렇다 할 상관없이 여러 나라에서 일어나고 있는 민주화 혁명을 두루 일컫는 말이 되었습니다.

이렇게 피를 흘리는 혁명에 아름다운 꽃 이름을 붙인 것은 비단 이번이 처음이 아닙니다. 예를 들어 1974년 포르투갈에서 좌파 청년장교들이 쿠데타를 일으켜 우파 안토니우 드 올리베이라 살라자르(António de Oliveira Salazar) 독재정권을 몰아낸 무혈혁명은 흔히 '카네이션 혁명'이라고 부릅니다. 시민들이 혁명군의 가슴에 카네이션 꽃을 달아주며 지지를 보냈기 때문입니다. 또 2003년 그루지아에서도 부패한 예두아르트 셰바르드나제(Eduard Shevardnadze) 초대 대통령을 권좌에서 몰아낸 혁명은 흔히 '장미 혁명'이라고 부릅니다. 셰바르드나제 대통령이 이끄는 집권 여당에 반대하는 두 야당을 지지하는 사람들이 갑자기 손에 장미꽃을 들고 회의장에 나타나 대통령의 연설을 중단시켰기 때문입니다.

튀니지에서 시작한 재스민 혁명의 거센 파도는 쓰나미처럼 이집트를 집어삼켰습니다. 지난 32년 동안이나 절대

권력을 휘두르며 아랍 국가의 맹주 역할을 하던 무함마드 호스니 무바라크(Muhammad Hosni Mubarak) 대통령도 두 손을 들고 권좌에서 물러나고 말았습니다. 리비아에 상륙한 재스민 혁명은 지금 이 나라에서 요동치면서 반세기 가까이 무소불이의 권력을 행사해 온 무아마르 가다피(Muammar Al Gaddafi)의 퇴진을 강력하게 요구하고 있습니다. 내란의 상황으로까지 치닫고 있던 리비아의 시민 혁명은 한때 정부군의 벽에 부딪쳐 적지 않은 희생자를 내며 주춤하더니 지금은 유엔군의 지지를 받으며 다시 힘을 얻고 있습니다. 더구나 이러한 시민혁명은 시리아와 예멘 등 중동 전역으로 확산될 기미를 보이고 있습니다. 그래서 그 동안 장기 집권하고 있던 그 지역 권력자들은 언제 자신들에게 불똥이 튈지 몰라 전전긍긍하고 있습니다.

예로부터 서양에서는 "민중의 목소리는 곧 신의 목소리"라고 했습니다. 이 격언은 12세기 맘스베리의 윌리엄(William of Malmesbury)이 처음으로 언급했다고 흔히 일컫습니다만 그보다 훨씬 전에 이미 사용되고 있었습니다. 기원후 798년 영국의 수도승이요 학자인 알퀸(Alcuin)이 샤를마뉴(Charlemagne) 왕에게 보낸 편지에서 엿볼 수 있기 때문이지요. 알퀸은 라틴어로 쓴 편지에서 이렇게 말합니다.

민중의 목소리가 곧 신의 목소리라고 계속 말하는 사람들의 말에 절대로 귀를 기울여서는 아니 됩니다. 군중의 무질서한 행동은 언제나 광기에 아주 가깝기 때문입니다.

Nec audiendi qui solent dicere, Vox populi, vox Dei, quum tumultuositas vulgi semper insaniae proxima sit.
(And those people should not be listened to who keep saying the voice of the people is the voice of God, since the riotousness of the crowd is always very close to madness.)

알퀸이 이렇게 편지에서 말하는 것으로 보아 이 격언은 아마 이미 오래 전부터 사용되어 왔음에 틀림없습니다. 이 편지에서 알퀸이 샤를마뉴 왕에게 "민중의 목소리가 곧 신의 목소리"라고 떠드는 사람들의 말에 절대로 귀를 기울이지 말아야 한다고 주장한다는 것은 그만큼 민중의 목소리가 신의 목소리로 자리 잡고 있었다는 반증입니다. 8세기 이전부터 이 격언이 민중 사이에 널리 퍼져 있었던 것 같습니다.

    1327년 2월 영국의 민중이 에드워드 2세(Edward II)를 권좌에서 몰아내고 그의 아들 에드워드 3세(Edward III)를 왕으로 옹립했을 때 캔터베리 주교인 사이먼 메펌(Simon Mepham)은 라틴어로 "민중의 목소리는 곧 신의 목소리"라고 말했습니다. 이 격언은 19세기에 이르러서도 여전히 사용하고 있었습니다. 가령 1820년 3월 프랑스 귀족원 회의에서는 신문과 잡지 같은 출판물을 검열하는 제도를 제정했고, 이 제도를 계속 연장하려고 했습니다. 그러자 이 무렵 유명한 외교관이요 정치가였던 샤를 타이랑-페리고르(Charles Talleyrand-Perigord)가 이 검열 제도의 연장을 반대하는 내용으로 연설을 했습니다. 1789년 프랑스 대혁명 이후 출판의 자유가 시대적 요청임을 각성해야 한다고 말한 뒤에 그는 정치가들이 그러한 시대적 요청에 불응하는 것은 위험천만하다고 역설했습니다. 그러면서 "정부의 성실성을 위태롭게 해서는 안 됩니다. 볼테르보다도, 보나파르트보다도, 집정관(執政官)인 누구보다도 재기 있는 사람들이 있습니다. 세상 사람들이 바로 그들입니다"하고 지적했습니다. 이 연설에서 그가 말하는 볼테르(Voltaire)는 프랑스의 계몽주의 철학자이고, 보나파르트는 우리가 흔히 '나폴레옹'으로 일컫는 나폴레옹 보나파르트(Napoléon Bonaparte)입니다. 그리고 그들이나 집정관보다도 더 '재기 있는' 세상 사람들이란 다름 아닌 민중을 말합니다.

튀니지에서 처음 시작한 재스민 혁명은 컴퓨터나 인터넷이 없었더라면 아예 이루어질 수 없었거나, 비록 이루어졌다고 해도 뒤늦게 이루어졌을 것입니다. 이 혁명에서는 시민들이 물리적으로 직접 접촉하는 것이 아니라 온라인을 통하여 간접적으로 서로 만났습니다. 그렇다면 튀니지 시민들이 자신들의 민주화 운동을 '온라인 혁명'이니 '페이스북 혁명'이니 하고 언급하는 것도 그다지 무리는 아닌 듯합니다. 뭐니 뭐니 하여도 재스민 혁명의 일등공신이라면 역시 인터넷을 빼놓을 수 없기 때문입니다. 그러고 보니 '전자 민주주의(electronic democracy, e-democracy)'는 한낱 이상이 아니라 이제 우리 삶 속에 깊숙이 파고든 현실이라고 할 수 있습니다.

그런데 "민중의 목소리가 곧 신의 목소리"라는 생각은 비단 서양에 그치지 않고 동양에서도 널리 사용되고 있었습니다. 선거철만 되면 귀가 따갑도록 듣게 되는 '민심(民心)은 천심(天心)'이라는 말이 바로 그것입니다. 아전인수(我田引水) 격으로 여당은 여당대로, 야당은 야당대로 자신들에게 유리하도록 이 격언을 사용합니다. 서양 격언의 '목소리'라는 말을 '마음'이라는 말로 살짝 바꾸어놓은 것이 다를 뿐 내용에서도 조금도 다를 바 없습니다. 맹자(孟子)는 일찍이 '順天者存 逆天者亡', 즉 하늘에 순종하는 사람은 살고 거역하는 사람은 망한다고 말했습니다.

서양에서나 동양에서나 이 격언은 자칫 잘못 받아들일 가능성이 큽니다. 흔히 민중의 목소리나 마음은 언제나 옳고 현명하다고 받아들이기 쉽습니다. 그러나 그러한 뜻보다는 민중의 목소리나 민심은 힘이 너무 강하여 저항하기 힘들다는 뜻이 더 큽니다. 민중의 목소리나 민심에 거슬리는 것은 마치 해저 지진 때문에 육지로 밀려오는 강력한 쓰나미를 멈추게 하는 것과 다르지 않다는 뜻이지요.

그런데 요즈음 들어 이 라틴어 격언에서 뒷부분을 잘라버리고 앞부분만을 취하여 "Vox pop"이라는 말을 사용하는 것을 자주 듣게 됩니다. 영어로 "the man on the street"라는 뜻으로 길거리를 지나가는 평범한 시민을 가리킵니다. 그래서 "vox pop interview"라고 하면 방송국 기자가 길거리에 나가 임의로 사람을 골라 즉석에서 하는 인터뷰를 뜻합니다. 미국이나 영국 저널리즘에서는 이러한 즉흥적인 길거리 인터뷰를 약어로 'M.O.T.S.'라고 부릅니다. 영국에서는 2005년 총선 때 이 기법을 많이 썼습니다.

"Vox populi vox Dei" means that rulers should pay attention to what of the people say because it is the voice of God.

41
여자를 찾아내라!
Cherchez la femme! (Find out a woman!)

남성 중심의 유교 질서가 우리의 의식은 말할 것도 없고 생활 깊숙이 파고들면서 알게 모르게 남성들은 가부장 질서에 젖어 있었습니다. 그래서 예로부터 여성을 낮추어 보거나 업신여기는 태도가 무척 심했습니다. 우리 속담에도 '암탉이 울면 집안이 망한다'는 말이 있고, 심지어 '여자는 사흘 맞지 않으면 여우가 된다'니, '여자와 북어는 팰수록 맛이 있어진다'니 하는 말까지 있습니다. 하나같이 여성을 가볍게 보려는 태도입니다. 요즈음에도 이렇게 생각하다가는 큰일 납니다. 이제 여성은 사회 곳곳에서 남성 못지않게, 어떤 점에서는 남성보다도 더 능력을 과시하고 있습니다.

이렇게 여성을 폄하하는 태도는 서양에서도 크게 다르

지 않았습니다. 서양에서는 일찍이 여성을 존중해 준 것 같지만 여권 신장은 그 역사가 그다지 길지 않습니다. 민주주의가 가장 발달했다는 미국에서조차 1870년 흑인 노예들에게 참정권을 주었으면서도 막상 여성들에게 참정권을 인정해 주지 않았습니다. 여성들이 참정권을 획득한 것은 1920년에 이르러서였습니다. 여성들이 백악관 앞에서 쇠사슬 시위를 벌이고 무려 40여 만 명이 넘는 여성이 서명 운동을 벌인 끝에 가까스로 얻어낸 결과입니다. 그러니까 미국에서 여성 참정권이 인정된 것은 1백 년도 채 되지 않습니다.

서양에서 이러한 여성 경멸이나 폄하의 역사를 거슬러 올라가 보면 철학자 아리스토텔레스(Aristoteles)를 만나게 됩니다. 그는 여성은 남성과 비교해 볼 때 '불완전한' 존재라고 간주했습니다. 그러면서 여성을 남성이 되려다가 되지 못한 '미완성의 남성'이라고 말하기도 했습니다. 남성우월주의자인 아리스토텔레스는 "수컷이 암컷보다 월등하다"니, "남성은 태양, 여성은 대지"라든지, "남성은 목수, 여성은 나무" 등등 그의 성차별적인 발언은 하나하나 열거하기 어려울 정도로 아주 많습니다.

　서양 철학에서 아리스토텔레스가 끼친 영향이 아주 크기 때문에 그의 여성관은 직접 또는 간접으로 여성에 대해 부정적인 견해를 널리 유포하는 데 적잖이 이바지했습니다. 16세기에 활약한 한스 발둥 그리엔(Hans Baldung Grien)의 목판화 작품 중에 〈아리스토텔레스와 필리스〉라는 작품이 있습니다. 그 점잖은 아리스토텔레스가 필리스라는 창녀를 등에 태우고 엉금엉금 기어가며 채찍을 맞고 있는 모습을 새긴 작품입니다. 고대 그리스시대뿐 아니라 지금에도 최고의 철학자로 인정받고 있는 아리스토텔레스가 벌거벗은 채 재갈을 물고 채찍을 맞다니 그저 놀라울 따름입니다. 지금 그는 아마 여성을 업신여긴 대가를 톡톡히 치르고 있는 듯합니다.

　특히 서양에서는 여성을 모든 범죄에 배후에 있는 인물로 보았습니다. 그래서 범인을 잡는 경찰청을 중심으로 "범죄가 있는 곳이라면 언제나 여자가 있다"라거나 "여자를 찾아라!" 하는 말이 공공연히 나돌았습니다. 그러나 이 말이 널리 사용되기 시작한 것은 19세기 중엽 알렉산드르

뒤마(Alexandre Dumas Pere)가 문학 작품에서 사용하면서부터입니다. 『파리의 모히칸족』(1854)이라는 소설에서 그는 "그 여자를 찾아라! 그 여자를 찾어!" 하고 말합니다.

뒤마는 1864년 이 소설을 희곡으로 만들어 무대에 올렸습니다. 3막에서 경찰관인 자케르가 하숙집 여주인 데마레 부인에게 로즈드노엘의 유괴 사건과 관련하여 신문을 합니다. 하숙집 정원의 모래 위에 여자 발자국이 나 있었기 때문이었습니다. 자케르가 "내가 입버릇처럼 말하는 대로지요. '여자를 찾아라!' 하고 말이지요. 이번에도 여자가 발각됐어요" 하고 말합니다. 그러자 데마레 부인은 그에게 "뭐라고요, 여자가 발각됐다고요? 이 사건에 여자가 관련되어 있다고요?" 하고 묻습니다. 이 물음에 자케르 경찰관은 그녀에게 이렇게 대답합니다.

모든 사건에는 여자가 관련되어 있지요. 그래서 사건 보고를 받으면 나는 곧바로 '여자를 찾아봐!' 하고 말하지요.

Il y a une femme dans toutes les affaires ; aussitôt qu'on me fait un rapport, je dis : 'Cherchez la femme!'
(There is a woman in every case ; as soon as they bring me a report, I say, "Look for the woman.")

이렇게 사건이나 범죄에 여성이 연루되어 있다고 생각한 것은 뒤마가 처음이 아니었습니다. 까마득히 멀리 고대 로마시대로 거슬러 올라갈 수 있습니다. 기원후 100년경 고대 로마의 풍자시인 데키무스 유베날리스(Decimus Juvenal)는 「풍자시」에서 "여자가 중요한 역할을 하지 않는 소송이란 한 번도 없었다"고 말한 적이 있습니다. 18세기 영국 소설가 새뮤얼 리처드슨(Samuel Richardson)은 『찰스 그랜드슨 경(卿)의 역사』(1753)라는 소설에서 "음모의 그늘에는 어김없이 여자가 있어야 한다"고 밝혔습니다.

"모든 사건이나 범죄 뒤에 여성이 있다"는 말은 가부장 질서에 길든 남성이 만들어낸 터무니없는 억지입니다. 조금 과장하여 말한다면 여성을 남성의 지배나 종속에 가두어 두려는 음모가 숨겨져 있습니다. "모든 위대한 남성 뒤에는 위대한 여성이 있다"고 말하는 쪽이 훨씬 더 진실에 가깝지 않을까요? 이 말을 뒤집어 "모든 여성 앞에는 위대한 남성이 있다"고 말해도 좋습니다.

우리나라에서 현모양처 하면 신사임당(申師任堂) 신 씨를 곧 떠올리지만 백범(白凡) 김구(金九)의 어머니도 신사임당 못지않습니다. 그렇게 잘 알려져 있지는 않지만 김구의 어머니 현풍 곽 씨는 황해도 해주 지방에서 현모양처로 이름을 떨쳤습니다. 겨우 열네 살의 어린 나이에 열 살이나 많은 신랑을 맞아 열일곱 살 때 난산 끝에 김구를 낳았습니다. 아들의 교육을 위해 집에다 서당 선생을 모시기도 하고, 남편의 병으로 학자금이 부족할 때에는 이웃마을의 서당 훈장에게 간청하여 무료로 교육시키기도 했지요. 더구나 현풍 곽 씨는 아들 김구가 감옥에 갇혔을 때는 지극정성으로 옥바라지를 했습니다. 김구가 안명근(安明根) 사건으로 투옥되었을 때는 "아들이 경기감사를 하는 것보다 더 자랑스럽다"고 말하면서 아들을 위로하고 그에게 용기를 북돋아 주기도 했습니다. 일찍 죽은 며느리를 대신하여 두 손자를 몸소 양육했는가 하면, 아들이 독립 운동을 하는 데 행여 걸림돌이 되지 않을까 두 손자를 이끌고 고향으로 돌아가기도 했습니다.

세계를 지배하는 것은 남성이지만 남성을 지배하는 것은 여성이라는 말이 있습니다. 어머니를 비롯하여 아내, 애인, 딸 등 주변에 있는 우리의 위대한 여성들을 보십시오. 독일의 문호 요한 볼프강 폰 괴테(Johann Wolfgang von Goethe)도 일찍이 『파우스트』(1832)에서 "여성적인 것이 영

원히 우리를 구원한다"고 말했습니다. 남성은 이렇게 여성을 통하여 구원을 받을 수 있습니다.

Behind every crime, there is a woman ; a woman is responsible for every crime.

42
시간은 돈이다
Time is money

미국 사람들은 흔히 시간을 돈을 주고 사고파는 상품으로 간주합니다. 그래서 그들이 일상생활에서 자주 사용하는 표현을 보면 시간을 화폐에 빗대어 말하는 것이 의외로 많습니다. 예를 들어 "요즈음 어떻게 시간을 쓰고 있니?" 또는 "넌 지금 시간을 낭비하고 있는 거야"라든지, "이 기계를 이용하면 시간이 많이 절약될 거야"라고 말합니다. 또 "주말에 같이 등산 갈 수 있도록 시간을 비축해 둬"라든지, "그 사람은 빌려온 시간, 즉 덤으로 살고 있다"라고 말합니다. 어떤 미국인은 "펑크 난 자전거 타이어를 고치는 데 한 시간이나 들었다"고 불평합니다. 심지어 "그 여자한테 많은 시간을 투자했다"고 말하는가 하면, "몸이 아픈 바람에 시간을 잃어버렸다"고 말하기도 하지요. 한마디로 미국 문화에서 시간은 값어치 나가는 상품입니다. 미국에서 임금을 노동한 시간으로 계산하여 지불하는 것도 이와 깊이 관련 있습니다.

벤저민 프랭클린(Benjamin Franklin)은 영국 식민주의 지배를 받던 미국을 독립시킨 '건국의 아버지(Founding Fathers)' 중 한 명이요 미국의 초기 정치인 가운데 한 사람입니다. 그는 특별히 공식적인 지위에 오르지는 않았지만 프랑스군(軍)과 동맹을 맺는 데 중요한 역할을 하여 미국 독립에서 중추적인 역할을 했습니다. 유럽 계몽주의 사상의 세례를 받은 프랭클린은 외교관과 정치가로서 역할을 충실히 수행했을 뿐만 아니라 피뢰침과 다초점 렌즈 등을 만들어 낸 발명가였습니다. 그런가 하면 신문과 잡지를 출간한 출판인이요 저술가였습니다. 달러 지폐에 그려진 인물 중에서 대통령이 아닌 인물은 10달러 지폐에 그린 알릭샌더 해밀턴(Alexander Hamilton)과 100달러에 그린 벤저민 프랭클린 두 사람뿐입니다. 이렇듯 프랭클린이 미국 역사에서 차지하고 있는 몫은 자못 큽니다.

벤저민 프랭클린은 시간을 소중한 상품으로 생각한 대표적인 사람입니다. 젊었을 때 그는 서점에서 점원으로 일한 적이 있습니다. 어느 날 손님 한 사람이 책 한 권을 들고 와 그에게 값을 물었습니다. 프랭클린은 "5달러입니다"하고 대답했습니다. 값이 비싸다고 생각했는지 손님은 그냥 서점에서 나가버리더니 잠시 뒤에 서점에 다시 들어와 프랭클린에게 다시 한 번 책값을 물었습니다. 그러자 책을 읽고 있던 프랭클린은 "6달러입니다"하고 대답했습니다. 손님이 조금 아까는 5달러라고 했는데, 왜 지금 와서는 6달러라고 하느냐고 따지자 프랭클린은 "시간은 돈이니까요" 하고 대답했습니다.

이 에피소드에서 엿볼 수 있듯이 벤저민 프랭클린만큼 시간을 돈처럼 소중하게 생각한 사람도 찾아보기 힘듭니다. 그는 바쁜 와중에 시간을 쪼개어 그 유명한 『자서전』(1788)을 집필했고, 그 책에서 이렇게 말합니다.

> 그대는 삶을 사랑하는가? 그렇다면 시간을 낭비하지 마라.
> 시간은 삶을 만드는 재료이니까.
>
> Dost thou love life? Then do not squander time, for that is the stuff life is made of.

벤저민 프랭클린은 삶을 구성하는 요소란 다름 아닌 시간이라고 지적합니다. 마치 빵을 만드는 재료가 밀가루인 것처럼 인간의 삶을 만드는 재료는 바로 시간이라는 것입니다. 그러므로 프랭클린의 관점에서 보면 시간을 낭비하는 것은 곧 삶을 낭비하는 것과 같습니다. 그가 두 번째로 찾아와 책값을 묻는 손님에게 1달러를 덧붙여 값을 말한 것도 그 사이에 시간, 즉 돈이 투자되었기 때문입니다.

실제로 2002년 영국의 한 대학 교수가 "시간은 돈"이라는 사실을 수학적으로 계산해 내어 큰 관심을 끌었습니다. 그가 계산해 낸 공식에 따르면 영국에서 평균 1분의 가치는 남성의 경우에는 10펜스(15센트)이고 여성의 경우에는 8펜스(12센트)입니다. 이것을 시간당으로 계산하면 남성은 평균 6.16파운드(8.99달러), 여성은 평균 4.87파운드(7.10달러)에 해당합니다. 그런데 이 대학 교수가 사용한 공식은 "$V=(W((100-t)/100))/C$"입니다. 여기에서 'V'는 한 시간의 가치이고, 'W'는 한 사람의 시간 당 임금이며, 't'는 세율이고, 'C'는 생활비입니다.

이렇게 시간을 돈으로 계산한 수학 공식과 관련하여 영국 센트럴워릭 대학교의 경제학 교수 이언 워커(Ian Walker)는 사람들에게 그들이 해야 하는 일과 관련하여 시간이 얼마나 소중한지를 새삼 일깨워 주었다고 했습니다. 가령 이를 닦는 데 3분이 걸린다면 영국 돈으로 30펜스, 미국 돈으로 45센트를 소비하고 있는 것이 됩니다. 또 만약 손으로 세차를 한다면 눈에는 보이지 않지만 영국 돈으로는 3파운드, 미국 돈으로 4.50달러를 소비하는 셈입니다. 미국 사람들은 "이 세상에 공짜 점심 같은 것은 없다"는 말을 자주 합니다. 무슨 일이든지 대가를 치르지 않고서는 얻을 수 있는 것이 없다는 말이지요. 조금 삭막한 기분이 들기도 합니다만 미국처럼 자본주의가 발달한 사회에서는 이렇게 일거수일투족(一擧手一投足)이 하나같이 돈으로 환산됩니다.

 물론 정도의 차이는 있지만 시간을 낭비하지 말라는 교훈은 비단 서양에만 있는 것은 아닙니다. 예로부터 동양 문화권에서도 시간을 아껴 쓰라고 가르쳐 왔습니다. 우리도 '금쪽같은 시간'이니 '금쪽같은 시간을 쪼개 쓴다'라든지 하는 표현을 자주 사용합니다. 이러한 표현과 "시간이 돈"이라는 표현과 무슨 차이가 있습니까? 오히려 '돈'보다는 '금'이라는 말이 훨씬 더 피부에 와 닿습니다.

중국 남송(南宋) 시대의 유학자 주희(朱熹)는 일찍이 '소년은 늙기 쉽고 학문은 이루기 어려우니 짧은 시간이라도 가벼이 여기지 마라. 아직 못가의 봄풀은 꿈에서 깨어나지 못했는데 어느덧 세월은 빨리 흘러 섬돌 앞의 오동나무는 벌써 가을 소리를 내는구나(少年易老學難成 一寸光陰不可輕 未覺池塘春草夢 階前梧葉已秋聲)'하고 노래한 적이 있습니다. 비록 시간을 돈으로 환산하지는 않지만 주희 역시 시간이 소중함을 새삼 일깨워줍니다. 연못의 풀이 아련한 봄꿈에서 미처 깨어나지도 않았는데 벌써 가을이 되어 오동나무 잎이 섬돌에 떨어진다는 대목에서는 세월의 덧없음과 함께 시간의 소중함을 다시 한 번 실감합니다.

우리나라에서 조선시대 숙종 때의 정치가 남구만(南九萬)도 '동창이 밝았느냐 노고지리 우지진다./소 치는 아이놈은 상기(아직) 아니 일었느냐./재 넘어 사래긴 밭을 언제 갈려 하나니'하고 노래한 적이 있습니다. 농사짓는 일을 게을리 하지 말라고 타이르는 작품 같지만 농사일뿐만 아니라 사업이건 학문이건 모든 일에서 금쪽같은 시간을 아껴 쓰라는 황금 같은 교훈입니다.

There in nothing more important or precious in human life than time.

43
바람과 함께 사라지다
Gone with the wind

1939년에 개봉한 할리우드 영화 〈바람과 함께 사라지다〉를 기억하는 사람이 아직도 많을 것입니다. 미국이 북과 남으로 갈라져 4년 동안 싸운 남북전쟁을 배경으로 사랑과 헌신과 배신이 파노라마처럼 웅장하게 펼쳐졌던 영화였습니다. 남북전쟁과 '재건 시대'를 배경으로 스칼렛 오하라라는 한 여성을 둘러싼 삶과 사랑 이야기입니다. 흑인 노예제도에 기반을 둔 남부의 전통과 질서가 전쟁으로 하룻밤 사이에 "바람과 함께" 사라지고 스칼렛이 패전의 고통을 겪게 되지만 있는 힘을 다해 살 길을 개척해 나가는 역사적 로맨스입니다.

애슐리 윌크스가 진정으로 사랑하는 사람이 자신이 아니라 멜러니였다는 사실을 알게 된 스칼렛은 자기가 사랑하고 있는 사람이 레트 버틀러라는 사실을 깨닫게 됩니다. 그러나 애슐리에 대한 스칼렛의 집착에 마음이 떠난 레트는 스칼렛의 곁을 떠나갑니다. 마침내 모든 것을 잃은 스칼렛은 전쟁으로 폐허가 된 고향 타라 농장으로 되돌아가기로 마음먹습니다. 스칼렛이 "내일은 또 다른 날"이라고 되뇌던 맨 마지막 장면이 지금도 아련하게 눈앞에 떠오릅니다. 빅터 플레밍(Victor Fleming) 감독이 메가폰을 잡은 이 영화는 1940년 작품상, 감독상, 여우주연상 등 무려 10개 부문에서 아카데미상을 휩쓸었습니다.

그런데 이 영화는 마거릿 미첼(Margaret Mitchell)이라는 미국의 여성 소설가가 쓴 동명 소설 『바람과 함께 사라지다』(1936)를 바탕으로 만들었습니다. 이 소설은 1937년 퓰리처상을 받았을 만큼 출간될 무렵부터 아주 큰 인기를 끌었습니다. 그러나 이 소설은 하마터면 세상에서 빛을 보지 못한 채 "바람과 함께" 사라질 뻔했습니다. 이 무렵 무명작가가 쓴 방대한 양의 소설을 쉽게 출판할 출판사가 별로 없었기 때문이었지요. 미첼은 어느 출판사의 직원에게 이 작품의 원고를 억지로 떠넘기다시피 맡겼습니다. 그런데 직원은 이 원고를 읽은 후 매료되어 출판사 경영인을 설득하여 출판이 결정되었습니다. 결국 미첼이 원고를 억지로 떠넘긴 덕분에 미국 문학사에 한 획을 그은 작품이 탄생되었

던 것입니다. 초판이 출간된 지 몇 달 만에 1백만 부가 팔려나갔고, 지금까지 줄잡아 3천만 부 이상이 팔린 것으로 집계되었습니다.

물론 이 소설은 예술성 높은 순수문학 작품이라기보다는 일반 독자들을 겨냥한 대중문학에 속합니다. 그러나 대중문학도 순수문학 못지않게 중요하기 때문에 가볍게 보아서는 안 됩니다. 특히 요즈음 포스트모더니즘의 거센 기류를 타고 순수성보다는 잡종성, 순수문학 쪽보다는 대중문학 쪽에 대한 관심이 부쩍 높아지면서 그 동안 주변부에 밀려 있던 문학 장르가 중심부로 옮겨오고 있습니다. 순수성이나 순수문학만을 고집하는 것은 이제 가히 시대착오적이라고 할 수 있습니다. 미첼은 오직 『바람과 함께 사라지다』 이 한 권만으로 미국 문단, 아니 세계 문단에 우뚝 서 있습니다. 세계 문학사를 가만히 들여다보면 이렇게 오직 작품 한 권 만으로 작가로서의 명성을 누리고 있는 사람이 더러 있습니다. 가령 『폭풍의 언덕』(1847)을 쓴 영국 작가

에밀리 브론테(Emily Brontë)가 그렇고, 『앵무새 죽이기』(1960)를 쓴 미국 작가 하퍼 리(Harper Lee)가 그러합니다.

그런데 미첼은 이 소설의 멋진 제목을 19세기 영국 세기말의 시인 어니스트 다우슨(Ernest Dowson)이 쓴 「시나라와 같이 있던 시절과는 같지 않노라(Non Sum Qualis eram Bonae Sub Regno Cynarae)」라는 작품에서 따왔습니다.

시나라여, 나는 많이 잊었노라, 바람과 함께 사라졌노라.
그대의 창백한 잊힌 백합을 기억에서 지우려 춤추며
무리와 함께 요란스럽게 장미꽃을, 장미꽃을 던졌노라.

I have forgot much, Cynara! gone with the wind,
Flung roses, roses riotously with the throng,
Dancing, to put thy pale, lost lilies out of mind.

이 시에서 다우슨은 시나라라는 여성과의 애틋한 사랑을 노래하고 있습니다. 그러면서 그녀와의 추억이 "바람과 함께" 모두 사라졌다고 한탄합니다. 그런데 미첼은 이 유명한 시구를 소설의 제목으로 삼을뿐더러 주인공 스칼렛 오하라의 입을 빌려 작품에서 다시 한 번 언급하기도 합니다. 한 장면에서 남부 조지아 주가 북군의 공격을 받고 초토화되다시피 했을 때 그녀는 타라 농장에 있는 자신의 집이 아직도 예전처럼 그대로 서 있는지, 아니면 "조지아 주를 한바탕 휩쓸고 지나간 바람과 함께 사라져 버리지는 않았는지"하고 궁금하게 생각합니다. 좀 더 일반적으로 이 제목에서는 남북전쟁 이전 남부의 생활방식이 전쟁과 더불어 "바람과 함께" 통째로 사라져버린 현실을 아련한 향수와 함께 안타깝게 생각하는 태도를 읽을 수 있습니다.

미첼은 "바람과 함께 사라지다"라는 제목을 택하기 전에 제목 문제로 무척 고심을 했습니다. 처음에는 스칼렛의 원래 이름인 "팬지"라고 붙일까도 생각했었습니다. 그러나 맥밀런 출판사 편집자가 작가에게 주인공 이름을 다시 지을 것을 권하자 스칼렛으로 이름을 바꾸면서 이 소설의 제목을 바꿨습니다. 미첼은 또 다른 제목으로 "무거운 짐을 날라라"와 "내일은 또 다른 날이다"를 염두에 두고 있었습니다. 출판사에서는 그와 비슷한 제목의 작품이 있다면서 다시 한 번 다른 제목을 생각해 보라고 제안했고, 마침내 그녀는 지금의 제목을 선택했던 것입니다.

마거릿 미첼이 쓴 소설과 플레밍이 만든 영화는 폭풍처럼 한 바탕 휩쓸고 지나갔지만 "바람과 함께 사라지다"는 말은 요즘에도 관용어처럼 자주 사용합니다. 예를 들어 주식시장에 돈을 투자했다가 주식이 갑자기 폭락하는 바람

에 투자한 돈을 모두 잃어버렸을 때 '주식이 바람처럼 사라져 버렸다'고 말합니다. 또 '공들여 쌓은 일이 모두 바람처럼 사라져 버렸다'고 말하기도 합니다. 요즈음 젊은이들이 자주 사용하는 속어를 빌려 말한다면, "바람처럼 사라져 버렸다"는 '한 방에 날아가 버렸다'는 표현과 비슷합니다.

'Gone with the wind' refers to the state of disappearing or being gone forever as if taken away by the wind.